FUTURE

FUTURE

清　醒　夢

的第一本書

——隨心創造夢境，開發潛能、療癒自我，通往心靈的大門——

Lucid Dreaming

for Beginners

Simple Techniques for Creating Interactive Dreams

MARK MCELROY

馬克・麥可埃羅伊——著

陳圓君——譯

目 錄
Contents

由衷感謝，
所有比較塔羅社團（Comparative Tarot community）的成員，
以及其他樂意分享清醒夢經驗的人。
你們的故事和見解使本書更加地豐富。
我也相當感謝納內特・彼得森（Nanette Peterson），
在卡崔娜颶風之後的幾個月裡，耐心地等待我整合這本書。

前言

尋找意識清醒的夢

不論我們在生活中有多麼自主，在夢裡，我們充其量只是人質。我們的身體因睡眠而停擺，發現自己身處另一個現實之中。清醒世界中的規則——重力、線性、邏輯——在這裡可能適用，也可能不行。身分就如同液體那般說變就變。我們的朋友身上發出微弱的閃光，在下一秒突然搖身變成素未謀面的陌生人，而真正的陌生人卻讓我們覺得像是此生的至交那樣親切。許久未見的情人可能會和我們以及已故的母親同桌用餐，而我們的母親，卻恰巧在她的夢中與湯姆・克魯斯（Tom Cruise）約會……在夢裡，這些場景對我們來說再正常也不過了。

甚至連自我意識都有改變的可能。有時我們會以第一人稱的角度體驗夢境，透過自己的眼睛看到夢裡的場景。而其他時候，我們脫離自我，同時身兼觀察者與參與者的角色。當我們看著鏡中反射，甚至還可能發現自己已經完全變成了某人或某物。

我們可能驚覺自己怎麼身處於學校，要考試了卻沒準備，還忘記置物櫃的密碼。我們可能去應徵一份新工作，卻在面試開始時發現自己竟一絲不掛。又或是，我們突然興奮地清晰記起，原來我們知道（我們一直都知道！）如何飛翔，而且發現自己正在空中自由自在地翱翔。

夢裡的世界可能更快樂，也可能充滿威脅；發生的事可能令會我們開心，也可能把我們嚇得魂飛魄散。我們的行為舉止或許受限於清醒世界的道德標準，也可能屈服於長期壓抑的欲望。我們或許可以回到過去，又或者窺見一絲可能的未來。

我們一輩子有三分之一的時間在睡夢中度過，其中很大一部分又花在做夢的薄暮時分。既然我們花這麼多時間做夢，我們可能慢慢會開始期望對夢境達到某程度的掌握。

然而對大部分人來說，情況並非如此。就像一位觀眾被迫觀賞一部由躲於幕後的放映師所選擇的電影，絕大多數人會發現自己被繫在座位上，盯著螢幕，完全受自己的潛意識擺布。他們任由夢境帶領他們，看夢境想展示給他們看的。在這裡，人們完全沒有選擇權。

然而，對於在我們之中，那些透過天生能力或是專注練習，對夢境達到某種程度控制的人來說，情況並非如此。在清醒夢裡，做夢者「醒來」——也就是說，當事者知道自己正在做夢——而沒有真正從睡夢中醒過來。這個意識的轉變，讓做夢者成為自身夢境的導演、製作人、演員，一時興起就改變場景、情節以及卡司。

清醒夢在意識控制之下，讓夢境有無限的可能。清醒夢者不是被動地忍受夢境帶來的歡樂或恐懼，而是做他們想做、看他們想看、體驗他們想體驗的，事實上，就像是到了神一般的境界。

從我有記憶以來，我的夢一直都很生動。小時候，我經常忍受可怕的惡夢，其中最恐怖的就是一個反覆出現的夢——我被一隻斷掉的手攻擊。

在這些夢裡，我通常呈現「半夢半醒」的狀態，有意識，眼睛張開（我是這麼認為的），但卻動彈不得的狀態。我之後了解到，這種「清醒的麻痺」其實很常見。透過練習，一個清醒夢者可以將此轉化為他的優勢。

但是在當時，我並不知道清醒夢是什麼。當我無助地躺著，那隻斷掉的手會像蜘蛛一樣從我的床腳靠近。它是真實有形的。又重，又肥碩多肉，還很熱。它的重量會讓床單移位；它的前進會讓床墊彈簧吱吱作響。

一走到我的胸口，它就變得緊繃，作勢要攻擊我。不知怎地，我總會在最後一刻打破魔咒，踢起雙腿，揮動手臂，把斷掉的手拋向房間的另一邊，與地板發出撞擊聲，接著快速逃走。

幸運地，並非我所有重複的夢都像這個一樣。有好幾次，總是在清晨的時候，透過窗戶照進黯淡而灰暗的光線，我被一束空降的和煦彩光照耀著。

再一次，我變得動彈不得。儘管我可以轉動我的頭，但是手臂和腿卻相當沉重，讓我動彈不得。然而，在這些夢裡，我感覺到，這種無法動彈是為了保護我。我不會感覺被困住，反而感到很安全。

即使如此，我也不是一個被動的觀察者，而是主動參與者。只要我的腦海想著什麼字，那條由紅、綠、藍色，比螢火蟲還小的光點所組成的光鏈，就會以閃閃發光的草寫排出那個字。

當我想著一個問題，那些光就會排出「是」或「否」這兩個字來回答。它們會在我的房間裡流動，排出隨機的圖案來娛樂我，並且隨著我的命令表演空中雜技。就在日出前，它們會溜出窗戶消失無蹤。

隨著年齡增長，我就再也沒夢到斷掉的手和那串光鏈了……但我也不曾忘記和它們的連結，以及主導它們的行為所帶來的激動。

身為青少年的我，開始著迷於控制夢境的概念。為了要控制夢的內容，我會在睡著前反覆唸著我最喜愛的演員名字。

我的成功率不一定。最終，威廉・薛特納（William Shatner）——《星際爭霸戰》（*Star Trek*）中溫文儒雅的船長，而不是《波士頓法律風雲》（*Boston Legal*）裡自負的高級合夥人——的確在我夢中出現了一兩次。

讓我相當開心的是，我甚至能邀請薛特納先生參加福音聚會，讓他改信基督教。（回想起來，即使是我也覺得這聽起來很怪又很可悲。但我能說什麼呢？我是一個在基本教義派教堂裡長大的封閉怪咖！）

也許就是因為基本教義派的成長背景，我對夢以及控制夢境的興趣最後減弱了。我的聖經裡充滿了做夢者和他們的夢——雅各（Jacob）的天梯，向約瑟（Joseph）下拜的星星，以及一綑綑的莊稼，智者被警告不要再回到希律王（Herod）身邊。但是，我的老天，我們被教導不再透過夢境表達；它們在今日而言，只不過是精神上的垃圾，每晚被我們潛意識裡的清潔工作人員裝袋送出。

我對控制夢境失去了興趣，直到我在大學時讀到《奧祕雜誌》（*OMNI magazine*）裡關於清醒夢的一篇文章。在文中，夢境研究者史蒂芬・拉柏奇（Stephen LaBerge）提供了達到夢中清醒的基本資訊——一種持續，有意識地控制夢境的狀態——以及提升清醒夢的頻率和持續性的訣竅。我既著迷又興奮，大聲地讀給跟我同住的其他三個人聽。我最沒想像力也最不討喜的室友——雷皺著眉搖頭。「我不懂那篇文章想要表達什麼。」

「人們學習要當個清醒夢者，」我說。「即使在睡夢中，他們也有意識。決定自己要做什麼夢。在他們的夢裡，他們想做什麼就做什麼。」

雷看起來很困惑。

「但是這很正常啊，不是嗎？」

我猶豫了一下。

「我不確定你的意思。」

雷一如往常地大口咬下三明治，嘴裡塞滿食物一邊說話。

「那有什麼特別的嗎？再說，不是每個人都會這樣嗎？」

這引起了我的注意。

「你已經可以控制你的夢了嗎？」

雷點點頭說：「你不行嗎？」

如果是其他人，對於這樣的聲稱我可以不當一回事。即便我也知道雷完全缺乏想像力，我最後還是相信他的說法。從孩提時代，雷就是一個清醒夢者。在白天，他只是雷……但是到了晚上，他每晚都在跟怪獸決鬥，與美女纏綿，然後像超級英雄一樣輕鬆地在空中飛翔。

事實上，我們其他人必須努力才能做到清醒夢這件事，對雷來說是個明顯的衝擊。「天啊，」他說，「那也太糟了。我是說，如果你不能在夢裡隨心所欲，那又何必做夢？」

決心要在清醒夢這件事上贏過雷，（我記得當時在想，在所有人當中，如果連他都可以了，那還有誰不行？）我再度立志要當一個清醒夢者。有整整兩個禮拜，我都遵照一個嚴格的清醒夢規則：每天晚上，我在睡前花五分鐘告訴自己：「我今晚會做一個清醒夢！」

什麼事也沒發生。最終我失去了興趣，清醒夢實驗無疾而終。（嘿，饒了我吧！我那時候才二十二歲！）

早在二〇〇一年時，我開始紀錄詳細的夢境日記，作為我塔羅研究的一環。也許是因為專注在紀錄和回憶夢境，我開始遇到越來越多關於清醒夢的參考。當我在讀約翰·霍根（John Horgan）的《理性神祕主義》（*Rational Mysticism*）這本驚人的書時，偶然發現了豐富的資訊：

- 對於清醒夢的提及可以追溯到亞里斯多德（Aristotle）。
- 即使是持懷疑態度的研究者，也能自學而成。
- 調查顯示，十個人當中有七個人能回憶起至少一個清醒夢。①

這本書把我引領到網路上，讓我找到聖奧古斯丁（St. Augustine）一封信的參考資料，這封信在莫頓·凱爾西（Morton Kelsey）的《上帝，夢，和啟示》（*God, Dreams, and Revelation*）一書中再版。②

在這封公元四一五年寫的信裡，聖奧古斯丁（St. Augustine）講述了吉納迪烏斯（Gennadius）這位羅馬醫生的清醒夢。

在連續幾個夜裡，他遇見了一位「外表非凡，威風凜凜的年輕人」。這位年輕人促使吉納迪烏斯（Gennadius）回想起自己，事實上他是睡著了，接著又引起吉納迪烏斯注意自己在夢裡觀看、聆聽和行動的能力，就和他在清醒時一樣。

由此可知，清醒夢並不是什麼新鮮事。然而，在聖奧古斯丁之後一千五百年，清醒夢才引起研究者的注意。一九一三年，一位荷蘭精神科醫生弗雷德里克・范・伊登（Frederick van Eeden）描述了有意識的夢境，甚至創造了清醒夢這個詞彙……但是和他同時代的人，包含佛洛伊德（Freud），並沒有對此印象深刻或是感到興趣。

最後，對清醒夢的深度研究始於史丹佛大學的夢境研究者史蒂芬・拉柏奇（Stephen LaBerge）（他的研究與英國赫爾大學（Hull University）的研究者基斯・赫恩（Keith Hearne）的類似——並且得到了證實。）

拉柏奇想到利用控制快速動眼期（或稱 REMs），向觀察他睡覺的人發出信號。他的研究提供了一些初步的有力證據，證明有些人事實上，可以在睡夢中保持意識清醒。

最後，當我繼續讀下去，好奇心佔了上風。這一次，我把二十歲時沒有，但四十歲的我所具備的堅持與那份好奇心結合在一起，做了一份調查。我列出一連串希望可以激發清醒夢的活動。即使一個月後沒有結果，我也依然堅持著。

六十天後，我做了第一次的清醒夢。

從那時起，我達到的成果甚至也令我自己感到驚訝。在夢裡，我與一九九〇年離世的爸爸聊天。我和老朋友相聚。我把自己安插入最喜歡的電視劇和電影裡。我在水中呼吸和飛行，還做了時空旅行。

我還是沒辦法達到前大學室友聲稱的全程意識百分之百清醒。（由於之後會提到的原因，我不確定我想要達到那種程度。）也就是說，我已經有了一個重要領悟：說到底，做清醒夢就是一種技能。只要是技能，就可以被學習。一旦你學會了，就可以透過長時間練習而臻於完善。

如果我做得到，你也可以！努力跟著本書列出的計畫，很快地，你也會躋身清醒夢者之列。

馬克・麥可埃羅伊

① John Horgan, Rational Mysticism (New York: Houghton Mifflin Company, 2003), 112–13.

② Morton T. Kelsey, appendix E in God, Dreams, and Revelation: A Christian Interpretation of Dreams (Minneapolis: Augsburg Fortress, 1991), 40.

第一章

認識清醒夢

在本章，你將會學到：

· 什麼是清醒夢，做清醒夢又是什麼樣子。

· 夢中的提示如何幫助你意識到自己正在做夢。

· 你可能已經比你以為的更能控制夢境。

· 清醒夢對現實世界的幫助。

你睡著了嗎？

現在，就是此刻，你是清醒的……還是正在做夢呢？

「這是什麼蠢問題？」你說。「我正在讀這本書！我當然是醒著的！」

好，你是清醒的。不過，讓我們先來假裝你睡著了。請抱持著這個想法。堅定地告訴自己：「我睡著了。這是一個夢。我沒有在讀《清醒夢的第一本書》（*Lucid Dreaming for Beginners*）。我是夢到自己在讀《清醒夢的第一本書》。」

現實確認

既然我們已經確定你在做夢了，請好好地看看你的四周。

如果你在家裡，看看你的家具、小擺設，那些書、牆上的時鐘。每個東西都留在原處嗎？有沒有看起來異常的東西？角落是否有童年時期弄丟的玩具？房間的顏色、大小和形狀改變了嗎？當你努力用新的角度來看這個熟悉的地方時，假裝你正在接受測試。房間裡有個東西出錯了，它脫離背景，不合時宜，格格不入。你能找出來嗎？

如果你不在家裡，探索一下你所處的環境。你聽到什麼聲音？它們聽起來正常嗎？看看你周圍的人。他們都是陌生人嗎？有沒有看起來非常眼熟的？他們的穿著打扮是否如你預期？

你周圍的世界又是如何呢？有沒有什麼奇怪的地方？時鐘和手錶的錶面、指針或數字是不是跟你認知的一樣？看看文字標示：廁所的門、餐廳外的招牌、街角的指標。請把它們讀兩遍。兩次讀起來是否都一樣呢？

那麼本書的內容又如何呢？上一段文字是否和前一秒一樣？為了更加確定，請再看一遍。就這點來說，本段文字讀起來是否有意義，是否是你預期的內容，還是嘮叨的概念複製輪轉，一頓襯料鐵鎚餐點？

夢境測試評分

腦筋動快點：當你讀到上面最後一句胡言亂語時，你的感覺是？是否有一瞬間感到困惑？你又重新讀了一次嗎？你有再讀一遍，想要弄清楚這句話的意思嗎？

你是否在想，即使只有一瞬間，你是不是有可能，真的在做夢？如果是那樣，恭喜你：你剛剛踏出了做清醒夢的第一步。

什麼是清醒夢？

清醒夢的簡單定義

簡單來說，清醒夢就是當做夢者在夢裡：

知道自己正在做夢，而且對夢境的內容和發展方向，能夠達到一定程度的控制。

一旦經驗豐富的清醒夢者認知到他正在做夢，他就能夠依據自己的喜好來調整場景、角色和行為。

清醒夢夢境暗示

在一個典型的清醒夢中，做夢者會注意到一些小細節，通常被稱為「夢境暗示」，能夠提醒他自己正在做夢。夢境暗示因人也因夢而異，但典型的夢境暗示包括——

不尋常的鐘面：

- 沒有指針的時鐘。
- 鐘面有不尋常的數字。
- 沒有鐘面的時鐘。
- 鐘面會旋轉的時鐘。

不穩定的文字內容：

- 內容異常困難或難以辨認的書籍。
- 會移動或改變的標題或標誌。
- 充滿胡言亂語的報紙。

以不尋常的方式使用或製造的物品：

- 被當作鞋帶的蛇。
- 不需要電源線的電器。
- 方形雨傘。

- 沒有按鈕或標示的電梯面板。

不可能的動作或存在：

- 人類飛翔。
- 變形。
- 人或地方突然變成另一個人或地方。
- 已故的親屬起死回生。
- 老朋友外型像年輕時那樣，完全沒變老。

比真實世界更真實？

在我的經驗，以及其他清醒夢者的經驗中，清醒夢是異常生動和強烈的。它們比其他夢境更容易回想起來。從清醒夢中醒來之後，現實世界在幾分鐘內，可能比夢中世界感覺更不「真實」！然而，這種困惑很快就會消失，取而代之的是伴隨做夢者一整天的輕微愉悅。

如果你從來沒有做過清醒夢，那麼「控制夢境」這個概念聽起來可能有些奇怪，甚至很嚇人。為了幫助你更容易了解這段經歷，以下是我在做研究和寫這本書時經歷的其中一個清醒夢記錄。裡頭有許多清醒夢的共同特性——最後你也會在自己的清醒夢裡認出的特性。

一個典型的清醒夢

我坐在一間陌生的餐廳裡，周圍都是愉悅的陌生人。在鄰近的一張桌子上，一位婦人餵她的寶寶吃著一匙匙鮮綠色的豌豆。一對夫婦坐在陽光充足的窗邊座位，牽著手輕柔地咯咯笑。穿著白襯衫，上漿的圍裙以及整齊時髦褲子的服務生在屋子內徘徊，拿著巨大的餐盤，上面還有圓頂不鏽鋼餐蓋。

氣氛相當愉悅，但是我在擔心菜單。菜單沒有印在一張紙上，或是裝訂成一本，而是在一個貫穿整間餐廳的大型電子告示牌上（就像美國機場或歐洲火車站會有的抵達／出發告示牌）。每當有供應新菜色或賣完每日特餐時，告示牌就會自動更新。當項目內容更新時，震耳欲聾的撞擊聲充滿個餐廳，打斷大家的對話，使得每個人都摀起耳朵。

每次我要讀告示牌時，它就會更新。開胃菜來來去去，主菜出現又消失，而甜點清單在告示牌上移來移去。

凱西，一位大學之後就沒見過的朋友（儘管二十年過去了，他還是二十幾歲的樣貌），走過來拿了一份印在紙上的菜單給我。

「試試看這個吧，你會比較喜歡這份。」他挑著濃厚的眉毛說。

往下看，我發現整個菜單用奇怪的草寫字母印成。字母纏繞彎曲。更糟的是，全部排版成螺旋狀，閱讀的人必須要一直轉才能看懂。我掙扎著要選出一道菜，但是每道菜一直變：奶油蝦義大利麵變成菲力牛排，又變成雞肉，再變成每日一湯。

我嘆了一口氣。等我點好餐，上班就要遲到了。我看一看手錶，驚訝地發現本沒有指針。每次我轉動手腕，整個錶面就像指南針一樣轉來轉去。

然後，我忽然明白了。變動的文字內容。一點也沒變老的朋友。奇怪的鐘錶。

我正在做夢！

意識到在做夢差點讓我醒來。整個房間開始煙霧瀰漫，空間開始模糊，聲音也低沉起來。人們消失了。

我努力要留在夢裡，但是我越想要留在餐廳，場景就瓦解得越快。說時遲那時快，我想起一個重要的技巧：與其努力掙扎，我站了起來，伸展手臂，並且開始旋轉。

旋轉並沒有讓餐廳恢復——周圍的空間開始不可預測地轉變，快速接連地變成一間臥室、商場和辦公室——但是這讓我穩定地留在做夢狀態。我一確定自己不會醒來，便停止旋轉，讓自己適應新的環境。

最後我來到一間令人驚嘆的小時候家中客廳的翻版。餐廳的桌子、綠色的躺椅，還有笨重的沙發，通通都按照一九七〇年代的擺設。低矮的咖啡桌上放著我多年不見的小擺飾：放在玻璃罩子裡上蠟的玫瑰花、黃色的糖果盤、花瓶……連地毯也磨損在同一個地方。

不過，今晚我不想回到家裡。我花了一點時間專注在目標上，接著穿過房間走到擺放外套的壁櫥。令我高興的是，我發現這扇門通往陽光明媚，覆蓋著柔軟小草的一片草地——是上飛行課的最佳地點。甚至在我展開雙臂之前，我就開始往天空跳躍而上。每走一步，我就從地面跳起幾英尺，最後才輕輕地回到地面。

忽然之間我明白到，在飛行前，我必須以一種非常特定的方式挺胸又拱起肩膀。幾秒鐘後，我毫不費力地在空中翱翔，俯瞰著樹梢，自由自在。

清醒夢常見問題

我真的可以學會控制夢境嗎？

一開始，我們可能會覺得控制夢境聽起來很牽強，但是經過一些審慎的思考後，大多數人會認為，我們能夠也確實擁有一些（經常是無心的）能力來影響夢境的某些層面：

● **把清醒時的壓力帶進夢裡**。在工作上，里卡多的團隊承受著巨大的壓力，要趕在期限內完成任務。里卡多和其他團隊成員一大早進公司，整天馬不停蹄工作，又很晚下班。一回到家，里卡多就倒在沙發上。而且幾乎每晚，他都得忍受永不安寧的夢境：歪曲變形的上班畫面。他拚命整理文件，把報告中自己負責的部分收集好。儘管他盡了最大的努力，文件和報告卻變成一串串無意義又難以辨認的文字。隔天早上醒來，他既疲憊又生氣。連在睡夢中，他也無法擺脫壓力！

● **延伸感覺強烈的經驗**。不看電視，專心學習四個小時後，巴席爾透過玩最喜歡的電動來放鬆並犒賞自己。兩個小時後，他爬上了床。一閉上眼睛，他似乎又看到了電動遊戲。「我一直看到螢幕、人物，還有掉落的石頭。我醒來時手會抽搐，好像我握著遊戲搖桿一樣。我就會變得很生氣，告訴我自己，『你已經沒有在玩遊戲了。快點睡覺！』但當我漸漸入睡時，我又會看到遊戲。整個晚上都這樣！」

- **透過象徵性的惡夢處理恐懼**。派翠夏丟了一份好工作，現在找不到新工作。「我已經面試好幾個禮拜了，沒完沒了。人們承諾會回電給我，我卻一通也沒接到。當我再度聯繫那位說我看起來很適合他們公司的面試官時，他卻不回我電話。同時，我的存款每天都在減少。」只要一躺上床，派翠夏就開始做一些驚人的夢：侵入者闖進她的臥室。「他們是來拿走家具的，」她說，「我現在是笑得出來，但當這些夢出現時，一晚又一晚，是很恐怖的。我開始害怕睡覺，因為我知道，一個小時後，那些人會衝進我的房間。」兩個禮拜後，派翠夏找到一份工作，這些夢就突然停了，而且也沒再出現。

- **因深夜飲食擾亂做夢週期**。安潔莉奎已經嚴格控制飲食好幾個禮拜了，但是在一位朋友的生日時「破了戒」。「我們很晚才出門，我吃了六個禮拜以來的第一片比薩。我姑且承認我吃了很多比薩，好嗎？我回到家時，胃灼熱得很厲害。當我想要睡覺時，就不斷做一些可怕又令人困惑的夢：生小孩、被活埋……還有一個真的很奇怪的，就是穿著非常緊的束腰跑步。我幾乎喘不過氣。可想而知，我再也不敢深夜吃比薩了。」

- **以冥想或全神貫注來影響夢境內容**。尚卓拉訂下目標，要在一年的時間內讀完整本聖經。她把書放在床邊，非常規律地閱讀每天指定的頁數。很快地，她發現這樣的做法能使她放鬆，讓她有良好的睡眠心境。「然後，幾乎在我意識到之前，我開始做這些聖經的夢。我身處沙漠地帶，旁邊有駱駝和帳篷，以及頂著水罐的女人。

我看見書中的人物，並且對自己說：『喔，那只是雅各（Jacob）』或者『喔，亞伯拉罕（Abraham）來了。』事物的細節——布料的粗糙感或是烹調肉類的香味——讓我感到吃驚。當我做這些夢時，我會感到很自在。而醒來後會驚訝自己竟然回到了二十一世紀！」

從偶然影響夢境，到有意識地控制夢境，一開始聽起來，似乎是巨大的任務。然而事實上，達到意識清醒是一項可以學習的技能，而且透過練習，還能臻於完善。

少了我們的幫助，平凡的日常事件可以無形中主導夢境內容。進入下一個階段——夢境控制——只不過是把特意的專注以及訓練有素的意識和夢中世界的自然傾向配對起來，以反映出什麼事情最佔據我們的心頭。

學習做清醒夢困難嗎？

我發現自己的清醒夢非常令人刺激振奮，而且意外地容易實現。本書是清醒夢的初級讀本。除了清醒夢的資訊、歷史，以及對它們的研究之外，還提供了簡單的逐步講解系統，讓你來設計自己的清醒夢。

本書反映出我真摯的信念（一個由越來越多的科學證據支持的信念）：做清醒夢是一種技能。雖然有些人比其他人更擅長做清醒夢，但幾乎所有人都應該能夠利用本書的資訊，在九十天或更短的時間內開始做清醒夢。

清醒夢有多常見？

在寫這本書的過程中，我詢問了許多人的清醒夢經驗。幾乎所有和我交談過的人，在做夢的時後，都意識到自己正在做夢。在這些人中，好幾個人可以回憶起至少一到兩個清醒夢的內容；還有許多人說，多年來斷斷續續地經歷這些夢。

在某個網路社群中的一個提問，得到了數十封的回信，這些人聲稱經常在做清醒夢。

其中一些人顯然有著天生就會做清醒夢的傾向；另一些人則不斷努力提高清醒夢的頻率和品質。

但對絕大多數人來說，做夢的狀態是完全被動的——他們來到夢境帶他們去的地方。對這些人而言，控制夢境——隨心所欲地改變場景、編輯內容，創造或刪除角色——聽起來像是一九八〇年代一部糟糕的恐怖片（有人想到《第四空間征服者》（*Dreamscape*）嗎？）。

清醒夢的好處有哪些？

滿足你的幻想。我們先來討論最顯而易見的好處。對清醒夢者而言，做夢時間就是娛樂時間。清醒夢把每個夢境轉變成你個人的放縱劇院。

拜訪三世紀的羅馬。玩跳傘運動，但是不帶降落傘。賦予自己魔法。買想要的每樣東西。認識最喜歡的名人。（管他的，誘惑最喜歡的名人！）採訪女神。改變你的年齡、體重、頭髮、衣著……甚至性別！在清醒夢裡，唯一限制你的，只有你的想像力。誰不想要每晚來到一個不存在現實世界後果，連法律都拿你沒輒的世界呢？

如果滿足願望是唯一好處，那清醒夢完全可以辦到。不過，好消息是，清醒夢的好處比把世界打造成自己想要的樣子還來的更多！

更有自信。對於清醒夢，我個人最愛的用途之一就是「排練」。當我知道接下來的行程有面試、會議或研討會時，我會利用清醒夢，在跟現實生活完全一樣的環境裡來演練我的評論和回答。

這個練習始於我最喜歡的其中一種冥想練習：積極的白日夢。積極的白日夢需要盡可能詳細地想像一件事情。在教導一堂課、帶領一個研討會，或是上電視和廣播節目前，我經常先在腦海裡完整地演練一次。這樣的練習幫助我一舉完成預測提問、修正練習，也讓我對內容更加熟悉！

清醒夢把積極的白日夢更往前推進一步。在清醒夢裡，我可以沉浸在一個完美的模擬環境。就算犯了錯、說錯台詞，一時疏忽也不會產生什麼影響。如果我不喜歡活動進行的方式，就把場景全部擦掉重新來過。

結果等到我在現實世界經歷那場活動時，早已在夢中世界練習過無數次。我表現出準備充分、輕鬆自如，而且更加有自信的模樣。

清醒夢會提升你的自信還有另一個原因。一旦開始做清醒夢，你將加入這個能夠影響夢境的少數菁英之列。即使你不把這個能力告訴別人，你也會意識到自己能夠做到別人學不會的事。知道自己擁有罕見的「祕密能力」能夠大大提升你的自我形象！

了解自己。努力做一場清醒夢，通常會讓你對自己的夢境有更全面的認識。因為夢往往象徵性地反映我們的意識和潛意識，對自己的夢境更瞭解，會讓你更瞭解自己。

凱西，一位十九歲的大學生，為了要激發清醒夢，每天寫下夢境日記。「在我還沒開始寫夢境日記之前，我都不知道自己的夢裡經常出現小孩子和寶寶的影像。每個禮拜至少有四個晚上，我都在處理小狗狗，拯救小貓咪，或是照顧新生兒。一開始，我以為這些反覆出現的主題和我沒有關係。雖然以後我想要有小孩，但絕對不是現在！」

但是當我把日記拿給一位朋友看時，她看了這些內容後，就立刻把這些夢境和我在藝術創作上的挫折聯繫起來。我在工作上難以從構思執行到完成。看看這些夢境，我不得不同意。一次又一次，我在培育新的生命。而在現實生活裡，我投注了無數的時間和努力在新的專案企劃……但從來都沒有完成過。

這對我來說是一個非常重要的領悟。如果我沒有試著要做清醒夢，我就不會寫夢境日記。如果我沒有寫夢境日記，我就會錯過記憶中最重要的個人洞見。

除了記錄夢境象徵之外，夢境日記的技巧將會幫助你長期追蹤你在清醒夢裡自覺選擇的活動。（在本書後面會再詳細談到。）

察覺到你在清醒夢裡不斷地努力飛翔，可能會促使你提出重要的問題。為什麼飛行對你這麼重要？你對飛行的重視意味著怎樣的個人需求和渴望？你強烈地想要起飛，對抗萬有引力定律，直上雲霄，可能象徵了現實世界中的什麼情況？

鼓勵自己。每個清醒夢都提供了一個讓我們體驗達成自己目標的機會。想像自身的成功——尤其是當生理或心理的目標和成功聯繫在一起時——可以是相當有益身心和療癒的。

想要減重？在你的清醒夢裡，你可以透過親身體驗一個更輕、更纖細的身體感受起來是如何，來激勵自己在現實生活中減輕體重。你可以利用清醒夢來練習抵抗誘惑，早一點從餐桌上離席。你甚至可以「欺騙」你的飲食，享受所有你喜愛的食物。夢中的美食看起來，聞起來、嘗起來，以及摸起來完全就像現實世界的樣子……而且還完全零卡路里！

對於其他為了達到身體健康而做的努力，則可以輕易地由清醒夢生活制度來補足。利用前面說到的排練技巧，你可以在高壓的情況下減輕壓力。當你在現實世界達到健身目標時，你可以用任何想吃的東西來犒賞自己，不需要擔心現實世界中的預算問題（夢中支票永遠不會被拒付！）或是在現實世界中產生什麼影響（你不必再跑一個小時的跑步機來消耗掉一塊布朗尼蛋糕的熱量！）

療癒自己。被過去的往事糾纏而困擾嗎？在清醒夢裡面對它們並且消除它們吧。過去的創傷事件會妨礙你享受現在的生活嗎？在清醒夢裡，你可以重現並且更改這些事件，改成另一種賦予你力量的結局。

對於某個人搬走或過世而感到寂寞嗎？透過練習，清醒夢可以輕易地成為探望那些，由於各種原因而「斷了聯繫」的人的場所。剛開始做清醒夢的凱文告訴我：「我利用夢境來和父親共度一些時光。小時候，我們不常在一塊，而他在我們還沒真正了解彼此前就去世了。當我在夢中遇到他時，我知道我遇到的人並不是真正的他——但每次我在夢裡見到爸爸時，醒來後會感覺跟他更親近……同時自己也感覺更平靜了。」

清醒夢甚至可以用來幫助隔離年幼的孩子和躲在他們惡夢裡的恐怖東西。一位年輕的媽媽告訴我：「我小時候經常作惡夢，但很快就學到，在半夢半醒間，我可以藉著揉眼睛，然後做到我所謂的『轉換頻道』來做一個更好的夢。我跟我的兒子分享這個技巧。而現在當他作惡夢時，他告訴我他會轉換頻道，並且命令一群可愛的填充玩偶來趕跑他的夢中怪物！」

探索你個人創造力的完美天地

激發自己。可以靈活呈現現實世界的清醒夢，是探索你個人創造力的完美天地。作家可以利用清醒夢來試驗故事情節，拜訪人物角色，還能去探索幻想的場景。我知道有一些藝術家早在現實世界嘗試同樣的方法之前，會先在夢裡進行繪畫，舞蹈，還有攝影的實驗。

不是藝術家嗎？幾乎所有的企劃都可以從清醒創造力的迸發中受惠。把工作企劃帶進清醒夢裡。如果你在一個不受限制的宇宙裡進行這項企劃，你會懷抱著怎麼樣的見解？如果你面臨了一個挑戰，在真實世界執行最後的方案前，你可以先在這裡嘗試許多不同的方法。

提升自己的靈性。對許多人來說，清醒夢是一種非常私人，完全沉浸式的冥想。經過了無數次的飛行，認識了許多名人，還有潛水到心滿意足的瑪莉安，覺得她不應該只把偶爾才有的清醒夢用來滿足願望。「我創造了自己的冥想空間，那裡有薰香、雕像和彩色玻璃窗戶。一開始，我只是創造出這個地方。後來，我發現自己可以任意來去，也可以花點時間……只是待在這裡。這邊非常寧靜，而且我醒來時總是感受十分平靜，這樣的感覺會伴隨著我一整天。」

其他追求心靈層面的清醒夢者選擇與天使、聖經人物，或甚至是自己的守護神相遇。在看過電影《受難記：最後的激情》（*The Passion of the Christ*）後，薛爾登（Sheldon）受到啟發去參觀耶穌受難的地點。「拜訪過聖經中的場景，讓我的信仰更加堅定，」薛爾登說。「身歷其境閱讀過的章節後，我覺得自己跟聖經的聯繫更緊密了。」

達莉亞對於自己居住的小鎮缺乏她剛萌生興趣的另類靈性管道感到沮喪，她在清醒夢裡和一位想像出來，被她稱之為加納的精神領導者一起上課。「我想好他的樣貌和行為舉止，接著開始專注在把他帶入我的清醒夢裡。當學生準備好了，老師就會出現……而在幾個禮拜後，我第一次見到了加納。他給人一種充滿智慧和憐憫的感覺！和他見面後，我總覺得自己變成了更好的人。」

探索未知。至少有一本書，《在三十天內做清醒夢》（*Lucid Dreams in Thirty Days*）把清醒夢和延伸的通靈意識和靈魂出竅連結起來。作者利用清醒夢誘發靈魂出竅（Out of Body Experiences）。他們的計畫介紹了第三種意識狀態，介於真實世界意識和清醒夢之間，他們聲稱真實具有「夢境中某些可變動的維度」。

我個人沒有清醒夢的通靈或形上學方面的經驗。不過，至少有三個人告訴過我，清醒夢加強了他們的直覺能力和通靈力量，使他們更容易接受別人的想法，並且增強了他們在冥想中達到出神狀態的能力。

在雞尾酒會上風靡全場。當場面熱絡不起來時，試著問問看：「所以，在場除了我之外，還有人是清醒夢者嗎？」

一般來說，大多數人都對夢感興趣。清醒夢這個話題，雖然已經比以往更成為主流文化的一部分，但還是相對新鮮。根據我的經驗，當人們聽到清醒夢——尤其是當他們瞭解清醒夢是一種他們可以練習的技能時——大家總是想要知道更多。

一旦你抓到了大家的興趣，描述一個你自己的清醒夢。跟大家分享幾個上面列的好處，提到兩三個促進清醒夢的運用。（如果你也和大家介紹本書，我將感激不盡！）你會發現自己在一個活躍的對話中，而不是尷尬的冷場，談論著你自己心中色彩繽紛的天地。

清醒夢不是只是新時代（New Age）的潮流而已嗎？

懷疑論者經常把清醒夢歸於新時代的風潮。事實上，清醒夢絕非什麼新鮮事。在一篇兩千三百年前（約公元前三五〇年）的文章中，亞里斯多德描述了一場夢，做夢者在夢裡具有清醒意識：

在睡眠中，我們有時除了眼前的幻影之外，還會有其他想法……有人的情況……他們相信自己的靈魂安排了一系列的主題……除了做夢外，還經常有其他的活動。因此，很明顯的，並不是每個夢中「幻影」都僅僅是一個夢的形象，而我們當時進行進一步的思考是由於見解的演練……

……如果睡眠者感覺到自己睡著了，並且意識到自己正處於睡眠狀態……某個東西從內心發聲……因為通常，當一個人睡著時，意識中會有某個東西說話，隨後出現的就是一個夢。①

公元四一四年，早期基督教最受尊敬的教父之一聖奧古斯丁（St. Augustine），描述了一位朋友吉納迪烏斯（Gennadius）的清醒夢經驗：

在他的睡夢中，一位容光煥發，威風凜凜的年輕人出現在他面前……同一位年輕人再度出現在吉納迪烏斯面前，並且問他是否認得他，吉納迪烏斯毫不遲疑地回答說，他對他很熟悉。年輕人就問吉納迪烏斯他們是在哪裡認識的……不管是在睡夢中還是清醒的時候……

吉納迪烏斯回答：「是在睡夢裡。」年輕人就說：「你記得很清楚；你的確是在夢中看見這一切，但是我要你知道，即使現在你在睡夢中看見了……你躺在床上睡著了，你的眼睛也沒有在運轉，但是你卻用雙眼看到了我。」②

研究者同時也是作家的史蒂芬・拉柏奇（Stephen LaBerge）提到，早在八世紀時，西藏佛教徒就在實行夢境瑜伽——這是一套複雜的訓練，目的在於延伸意識到夢境世界：

> 西藏佛教徒在實行一種瑜伽，其目的是在睡夢中保持完全清醒的意識。由於這些西藏的夢境瑜伽修行者，我們第一次發現到一個民族基於經驗，明確地認為夢僅僅是做夢者的精神產物。③

在一八六七年時，艾爾維聖得尼侯爵（the Marquis d'Hervey de Saint-Deny）編纂並出版了耗時五年的個人夢境研究，這本書被認為是第一本清醒夢的說明手冊：《夢境以及如何引導夢境》（*Dreams and How to Guide Them*）。

侯爵從專注回憶夢境開始；成功想起他的夢境促使了進一步的實驗。他很快就發展出一種技巧，用來誘發特定主題的清醒夢（他會將香水與一個人或一個地方連結起來，然後在枕頭上噴上特定的香水進而作相關的夢）並且將他自己從夢中喚醒。

然而，他的研究幾乎沒有引起任何重視，因為當時普遍的科學觀點認為，夢不過是精神上的「消化不良」。荷蘭精神科醫生弗雷德里克・范・伊登（Frederik van Eeden）也面臨著相同困境，他在一九一三年創造出清醒夢（lucid dream）一詞，用來描述做夢者突然瞭解到自己正在做夢的一種夢：

第七種夢，我稱之為清醒夢，是我認為最有趣也最值得仔細觀察和研究的……在這些清醒夢裡，精神功能完整地重新整合，使得睡眠者記得日常生活和他自己本身的狀況，達到一種完美的意識狀態，而且他可以引導自己的注意力，以及嘗試不同自由意志的行為。然而睡眠，正如我可以自信地說，是平靜未被打擾，深沉以及耳目一新的。④

然後，跟他同時代的人們，包括西格蒙德・佛洛伊德博士（Dr. Sigmund Freud），也繼續否認夢境可以受意識控制。

這種否認今日依然持續著。例如《懷疑論者字典》（*The Skeptic's Dictionary*）引用諾曼・馬爾康（Norman Malcom）在半個多世紀以前提出的理論論點，當作否認清醒夢實際狀況的基礎。「懷疑論者並不否認，有時候在夢中，我們夢見自己意識到自己正在做夢。（我們）否認的是一種稱為『清醒狀態』的特殊夢境狀態的存在。」⑤

根據較近代，有大量文獻紀載的研究——尤其是史蒂芬・拉柏奇博士在過去二十年完成的研究——這種完全駁斥的說法聽起來更像是情緒激動而非抱持懷疑的態度。拉柏奇和其他人連接到實驗設備上，證實了他們潛入夢中，得以用編碼的眼球運轉向清醒世界發送預先安排好的訊號。⑥

最後，不管你個人對清醒夢的本質和潛力有什麼看法，歷史記載是無可置疑的：人們聲稱做清醒夢已經有好幾世紀了。現代科學才剛開始研究和證實這個現象。雖然形上學和新時代社群的確對清醒夢深感興趣，但是清醒夢的概念比新時代運動早了有兩千多年之久。

清醒夢適合每個人嗎？

不是每個人都像我一樣享受清醒夢的好處。網路上自願受訪的人中，我遇見了一些覺得清醒夢並不適合他們的人。在開始進行你的清醒夢計畫前，你可能需要把這些人的擔憂考量在內。

控制vs.舒適。「我一整天都在掌控局面，為什麼我晚上還會想要掌控呢？」雪倫告訴我。

像雪倫這樣的人欣賞夢境無拘無束、毫無條理的本質。對他們來說，做清醒夢的想法聽起來就很費力。雪倫和其他許多人一樣相信，做夢就是讓意識休息的時間。她擔心增加清醒夢的頻率會產生有害影響。

「我們大部分人不想去掌控自己的夢是有原因的，」雪倫說，「總之，我覺得清醒夢並不適合我。」

雪倫很有可能是窮擔心了。即使是最成功的清醒夢者也很少能夠達到完全清醒，他們還是享受著許多毫無條理的做夢時刻。此外，二十年的深入研究也未能將清醒夢與任何有害影響聯繫在一起。但是，如果你跟雪倫有一樣的擔憂，你可能也會想避免誘發清醒夢。

需要投注精力。做清醒夢是一種技能，就像任何技能一樣，學習清醒夢也需要投注精力、時間和努力。記錄夢境日記，比平時更早起，打亂你平常的睡眠習慣，並且不斷做現實檢查……這些都會耗費大量的時間和精力。對某些人來說，增加清醒夢的頻率根本不值得如此大費周章。其他人聽到這個計畫可能需要九十天才能見效，他們就覺得為期太長了，不適合他們。

如果把時間、努力和精力投入在一個九十天的夢境增強計畫，這樣的想法讓你感到無法招架，那麼這個實現清醒夢的方法可能不適合你。

對夢的訊息和分析感興趣。許多人相信他們的夢是一種重要的溝通方式，包含了來自上帝、更高層次的自我、已故的朋友和親人、靈界，又或者只是來自潛意識的訊息。

泰瑞莎告訴我，她比較喜歡讓夢自行發展，因為她相信夢境傳達的訊息很重要。「對於不被我有意識去改變內容的夢境，我對它們想告訴我的訊息很感興趣。我現在不再追求清醒夢了，因為我想要理解那些訊息。」

我是一個喜歡詮釋自己夢境的人，所以這種擔憂對我來說是有道理的。但是容我再次強調，大多數清醒夢者在相對少數的夢中才會達到清醒。即使你在這個計畫裡得到顯著的結果，你也可能會有很多非清醒夢，仍然適合拿來詮釋和分析。

然而，基於任何原因，保留你所有的夢境內容對你來說是重要的，那麼追求清醒夢這件事可能不適合你。

不規律的睡眠時間。有些人工作時間是「輪班制」，每天的上班時段都不同。其他人則經常在不同時區間飛行往來，擾亂正常的睡眠模式。

本書中的計畫是在有規律的睡眠時程下構思和設計的。如果你事先知道在接下來的九十天內，睡眠時程將會被打亂，那你可能會想把計畫往後推。

睡眠障礙或失眠。每個人偶爾都會有一些入睡障礙。然而，如果你經常徹夜未眠，難以入睡，或是半夜醒來後就再也睡不著，那麼這個計畫根本不適合你。

睡眠障礙可能和壓力有關，也有可能是需要去看醫生的潛在疾病的徵兆。雖然清醒夢沒有已知的有害影響，但在這些問題還沒處理好以前就開始執行一個以睡眠為基礎的計畫，可能是不明智的選擇。在這項計畫開始之前，請先去看醫生，並建立起一個正常、健康的睡眠模式。

心理或情緒疾病。如果你正苦於心理或情緒問題，或者你正在接受情緒疾病（包含憂鬱症）的治療或化學治療，你不應該在沒有諮詢醫生的情況下開始這項計畫。

本章概述

在一個清醒夢中，做夢者意識到自己正在做夢，並且控制了夢境的內容和方向。首先，夢境暗示——打破現實世界規則的奇怪事物和不準確的細節——提醒做夢者他正在做夢。在意識到這一點之後，做夢者可以改變他的夢境時間、地點、場景，或是人物角色，根據他自己的意願重新塑造整個夢境。

大部分人已經比他們意識到的更能控制自己的夢境，而且做清醒夢的人數可能比你以為的更多。

擁有一個可以來去自如的「精神遊樂場」的確具備某種吸引力，然而清醒夢還能對現實世界產生更多深遠的益處。

多年來，清醒夢一直被視為感知上的怪癖，或僅僅是一種新時代的把戲，事實上，它是一種強而有力的工具，而且幾乎所有具備適度紀律的人都能夠掌握。

下一步該怎麼做？

關於清醒夢，我們解釋過它的好處，思量過反對方的意見，也了解某些人的擔憂，是時候來簡要介紹，究竟這個計畫會如何幫助你實現清醒夢了。

在清醒夢裡，你擺脫了現實世界的束縛，不必再遵守規則。當你在讀本書時，不再受到一般閱讀慣例的約束。把這本書想像成清醒夢資源的倉庫。與其從頭讀到尾，你可以隨意地從這一章跳到另一章，無論何時，找尋你所需要的就好。

如果你對睡眠的過程，以及你自己的睡眠習慣如何影響你做清醒夢的能力感到好奇的話，你會對第二章〈睡覺，或許是為了做夢〉感興趣，這一章包括了睡眠和夢的生理學導覽。

如果你想知道你有多容易實現自己的清醒夢，你可能會想讀完第三章的〈清醒夢檢測表〉。

如果你對支持清醒夢真實性的研究和科學證據好奇的話，第四章〈實驗室裡的清醒夢〉將會提供你需要的所有資訊。

如果你渴望立刻開始自己的清醒夢生活，可以直接跳到第五章，我會介紹實現你的清醒夢時，將會用到的工具和技巧。

第六章〈從意識到清醒〉，詳細介紹兩種增強整體夢境意識的技巧（夢境日記和現實檢查）。

第七章〈現身說法〉介紹了幾位清醒夢者，帶你目擊他們對清醒度的探索，並且根據真實經驗提供了見解，建議和技巧。

第八章探討清醒夢的有利應用——當你對清醒度的控制力增加時，你可以嘗試的實驗和探索的體驗。

最後，第九章提供了簡單、直接但有效的方法來分析和解釋你所有的夢——包含清醒夢。

說到這裡，就像在你的清醒夢裡一樣，你的下一步要往哪走，完全取決於你！

---

① Aristotle, On Dreams, The Internet Classics Archive, http://classics .mit.edu/Aristotle/dreams.html (accessed February 22, 2007).

② St. Augustine, Letter 159, paragraphs 3 and 4, NewAdvent.org, http:// www.newadvent.org/fathers/1102159.htm (accessed February 22, 2007).

③ Stephen LaBerge, Lucid Dreaming: The Power of Being Awake and Aware during Your Dreams (New York: Ballentine Books, 1990), 23.

④ Frederik van Eeden, "A Study of Dreams," Proceedings of the Society for Psychical Research 26 (1913), http://www. lucidity.com/vanEeden .html (accessed February 2, 2006).

⑤ Robert Todd Carroll, The Skeptic's Dictionary, s.v. "lucid dreaming," http://skepdic.com/lucdream.html (accessed February 2, 2006).

⑥ Stephen LaBerge and Howard Rheingold, Exploring the World of Lucid Dreaming (New York: Ballentine Books, 1990), 24.

第二章

睡覺，或許是為了做夢

在本章，你將會學到：

- 為什麼在睡前很長一段時間，就得開始為一夜好眠做準備。
- 如何提高你的睡眠品質。
- 一夜好眠是如何由許多個睡眠週期組成。
- 哪個睡眠週期對清醒夢者最重要。
- 短暫的小睡如何幫助你追求清醒夢。
- 睡眠不足如何影響你的夢境以及你的健康。

睡眠的本質

你一生中有三分之一的時間在睡覺。仔細想一想這件事。如果你活到七十二歲，你就會花其中的二十四年，也就是幾乎四分之一世紀的時間在睡覺！

既然人類花了那麼多時間在睡覺，你可能會認為我們都是這方面的專家。但事實上，我們大多數人對眼睛闔上之後所發生的事幾乎一無所知，畢竟大部分人睡覺時都是無意識的。所以睡覺時到底發生了什麼事？為什麼我們一定要花那麼多寶貴的時間在枕頭上，嘴巴半開流著口水呢？

你可能聽說過，睡眠時身體會自我修復——這是真的。當我們因筋疲力盡而睡著時，身體會釋放重要的激素（包括生長激素）並且修復細胞受損。

根據個人經驗你也知道，睡眠會重置大腦中調節情緒和感知的部分。在昨晚看來是一場悲劇的事，隔天早上可能只會覺得有點惱人。正因如此，事實上，選擇「留到隔天再做決定」的確是一個非常明智的舉動。

當你睡了一場好覺醒來後，會感到放鬆而且神清氣爽。但是碰上令人焦慮的電視節目、深夜的一片比薩、即將到來的稅務審查……就會導致一整晚的輾轉反側，隔天起來就會覺得頭昏腦脹，行動遲緩。

正如很多大學生都知道，可以透過咖啡因和藥物來延伸意識清醒，減少你對睡眠的需求。但這種強迫的清醒是要付出代價的。

身為一個對清醒夢有興趣的人，獲得充足健康，令人放鬆的睡眠符合你的既得利益。事實上，越了解健康睡眠中發生的事情，你就越有能力去追求清醒夢。畢竟如果你不睡覺，就沒辦法做夢，而沒辦法做夢，就沒辦法享受清醒夢的樂趣。

來趟一夜好眠的旅程

為了要學習更多關於高品質的睡眠，那就買張票上車吧！我們要來一場搖籃曲之鄉的導覽。今晚的每一站將為清醒夢的潛在人選提供寶貴的精闢見解：

- 如何放慢腳步，放鬆身心，為今晚的清醒夢做準備。
- 當我們睡著時，去了哪裡，做了什麼。
- 當我們沒有得到所需的休息時，將會發生什麼事。

第一站：準備睡覺

如果你以為準備睡覺是從你上床那一刻開始，那麼請再想一想。準備睡覺是一個過程，這個過程從你爬進被窩前好幾個小時就開始了。讓我們先來看看典型的美國人是如何準備睡覺的。

・睡眠和典型的美國人・

環顧左右，你會看到山繆。他是一位典型的美國人：體重過重又工作過度。他早上五點半起床，沖澡，刮鬍子，然後匆匆忙忙趕去和他的團隊開七點鐘的會議。在上班路上，他會順道去星巴克買一杯店裡最濃、最甜膩的六美元咖啡。（「我都叫它我的『活力飲』。」他說）

就像山繆的其他日子一樣，接下來一整天是連續不斷的活動。因為他總是頭腦昏沉，所以又灌下更多咖啡（「如果可以的話，我想乾脆替它裝一條靜脈注射線！」）。他也會在上午吃一包瑞斯巧克力餅乾，下午則是賀喜巧克力棒（「真是愛死那股攝取糖份後的興奮感！」）。遇到特別繁忙的日子，他還會再喝一兩杯能量飲料。

山繆大約七點鐘離開辦公室回家。由於除此之外他都沒再攝取熱量，感到相當疲憊，等到晚餐時間早就餓壞了……於是他大肆放縱，吃下兩倍的東西，還搭配喝著含咖啡因的飲料——兩大杯健怡可樂。

緊張不安、心煩意亂，又擔心明天的業務會議的他，花一個半小時看電視來忘卻不斷下降的區域業績。等到九點的時候，他興奮地決定花個半小時在跑步機上運動（「一定要紓解這個壓力！」）。跑完之後，他又口渴了，所以拿了一罐冰涼的啤酒（「喝一杯可以讓我放鬆！」）。

這個禮拜到目前為止，他最早十點睡，最晚兩點睡。今晚，他決定要做得更好，打算十一點上床睡覺……但是走到床邊時，他聽見他的筆電發出了收到新郵件的聲音。他告訴自己，要速戰速決（「五分鐘就好！」）。但是當他再抬起頭看鐘時，他發現自己花了兩小時回信，跟西岸的朋友聊天，下載新音樂，還有造訪四個最喜歡的網站。

最後趟在床上，他打開電視收看當地新聞（接連不斷的襲擊、搶劫、入室竊盜和恐怖攻擊）以及消費者新聞與商業頻道的最新市場動態（股市下跌了）。等到一點半，他暴露在閃爍的電視光芒中睡著了。

當他的鬧鐘五點半響起時，他覺得自己幾乎沒什麼睡到。「沒問題，」他說，同時用最快的速度煮起咖啡。「我週末再補睡回來就好。」

‧八個改善睡眠的簡單技巧‧

山繆的睡前慣例是眾所皆知最有害、最反睡眠的生活制度。不過老實說，這也是美國最常見的睡前慣例。但是生活不一定非得這樣過不可。事實上，只要把山繆的睡前慣例做小小的改變，就可以大大地提高他睡眠的質量。

為了要幫助你盡快睡著和進入夢鄉，我們來把山繆做錯的地方轉化成你可以用來促進健康睡眠的訣竅。

一、**避免或限制咖啡因**。整天下來，不要喝太多咖啡、能量飲料以及健怡可樂，因為這些都含有一種非常強大又會高度上癮的興奮劑：咖啡因。現在的食品和飲料製造商把咖啡因加在許多不曾放入的商品中，讓我們更加容易吃下肚，包括口香糖、薄荷錠，甚至是好幾個牌子的瓶裝水。

我有很多朋友在晚餐的時候會喝幾杯咖啡，還有至少一位在睡前喝健怡可樂。當我問他們，咖啡因是否會讓他們晚上睡不著，大部分的人都回我，咖啡因對他們已經沒效了。在某種程度上，這是真的：我的朋友攝入了太多咖啡因，他們在醒著的時候已經感覺不到咖啡因的效果。

然而，跟他們睡在一起的人卻有另一種說法，聲稱我那些喝活力飲的朋友們，整夜輾轉反側，在睡夢中喃喃自語、抽搐、磨牙。為什麼呢？他們沒喝下咖啡因最長的時間就是睡著的時候。白天，他們的身體接收源源不絕的興奮劑；晚上，當供應中斷時，他們就進入了咖啡因戒斷的第一階段。

你不必完全戒掉咖啡因。與其灌下二十四盎司的巴西摩卡咖啡，不如只喝八盎司的水。（反正你的身體可能極需要水）。睡前至少兩小時，避免能量飲料、咖啡、茶和巧克力。記住：你白天攝入的咖啡因越少，你就越可能享受到豐富、深度放鬆的睡眠，進而產生一個健康的做夢生活。

二、**晚上吃少一點**。幾乎所有人，偶爾都會在晚餐時過度放縱。我們努力工作並告訴自己，我們理應享受勞動的果實。問題是，除了勞動的果實外，我們也有權享受勞動的開胃菜、起司拼盤、奶油義大利麵、豬排、烤牛肉和巧克力蛋糕。

有時大餐是享受生活的一部分。但是，晚上的一頓大餐會嚴重影響你的睡眠品質。在晚上，你的新陳代謝會變慢，大量的食物需要更長時間才能消化。更糟的是，當你躺下（就像我們大多數人準備睡覺時一樣），你會更容易消化不良，尤其是如果你向右邊側躺。那種不舒服的飽脹感，再加上嚴重的胃灼熱，絕對是在整晚失眠的時候火上澆油。

透過吃一頓節制的晚餐來提高你的睡眠品質。留點空間！如果你之後有點餓，可以在睡前吃些點心——例如幾片火雞肉、一把堅果或是一杯優格（睡眠研究者指出，吃一些點心，特別是成分包含剛剛提到的那些食物，實際上可以幫助你更快入睡）。

也就是說，睡前至少兩小時避開高熱量、高脂肪的點心，也要避免酒精、香菸和巧克力。因為這些會刺激你的神經系統（即使酒精嚴格說起來是一種鎮靜劑，少量的話也會產生跟興奮劑一樣的作用），妨礙你的入睡能力。

三、**早一點運動**。運動會刺激身體，一般來說會加快心率、呼吸和新陳代謝。這對燃燒卡路里很有幫助，但是在睡覺的時候就沒那麼好了，因為你的目標是放鬆下來入睡。

把運動時間排在早晨。你會從運動中得到更多好處，因為這樣會促進你的新陳代謝，整天下來會燃燒更多卡路里。你會感到精力充沛，更加敏捷，也更能夠面對一整天的挑戰。

反正記得，運動要越早做越好。如果你不是一個早起的人，那麼在午餐時間或者最晚在下午，跑個幾圈、騎腳踏車，或是在跑步機上運動。為了盡可能得到最好的睡眠品質，避免在準備睡覺的兩個小時內做劇烈運動。

四、建立一個睡前慣例。所謂「慣例」，其實就是一些必做的事，這樣做可是很有效的，能讓我們在沒有刻意努力的情況下，自然陷入某種精神狀態。

一個睡前習慣，即使是一個簡單的例行公事，都會幫助你盡快輕鬆入睡。對某些人來說，這樣的慣例包含了吃零食、喝杯水或是祈禱。對其他人而言，也許是在水槽前站個十五分鐘來刷牙漱口就有用。做什麼不是重點……重點是要在同樣的時間做同樣的事，如此一來便能造成極大改變。

你的慣例告訴身體：「嘿！看看我在做什麼！該睡覺囉！」如果你堅持這些慣例，即使是你在旅行的時候，你的身體也會順勢慢下來並放鬆。

五、設定一個固定的睡眠時間。記得小時候，爸爸媽媽有充分的理由規定並嚴格執行你的上床時間。每晚在固定時間去睡覺的孩子，比那些不固定時間的更容易快速入睡。

但是孩子不是唯一能從定時睡覺受益的人，你也可以。建立一個固定的睡覺時間，並且盡可能堅持下去，是有睡眠障礙的人能做到最簡單也最有效的改變之一。

當身體知道什麼時候該就寢，新陳代謝會減緩，眼皮開始越來越沉重，昏昏欲睡的感覺也會在每晚差不多的時間出現。偶爾晚睡是難免的，但是按照一個始終如一的時間表上床睡覺，將對你和你的夢境生活有莫大的幫助。

如果你發現自己在睡前很容易分心，受到夜貓子朋友、誘人的電視節目，還有電腦訊息的影響，設計一條繞過這些事務，直接通往臥室的路線。睡覺前一小時，禁止這些分散注意力的東西進入房間。闔起筆電，關掉電視，電話線拔起來，把手機調成靜音再去睡。

六、**避免睡前看電視**。明亮閃爍的光線會刺激你的神經系統，讓人異常警醒，使入睡更加困難。電視發光的螢幕會讓我們很難睡著。

許多風水諮詢師完全禁止臥室擺放電視。他們擔心即使電視機沒開，也會產生熾熱的能量，把引起混亂的能量帶進本該是安靜、平靜的空間。有鑑於這些問題，你可能會想避免把電視機擺放在床尾。如果你的起居室真的不能沒有電視，可以考慮把它放在櫥櫃裡。當睡覺時間到了，可以關起櫃子的門，保護自己不受電視的負面能量影響。

如果你一定要在睡前看電視，那就看一些無聊的節目。許多我採訪過的人都說，睡前看電視對他們來說是一種平靜下來的體驗。

不過在這些採訪中，我注意到一種模式：他們大部分都看一些簡單、輕鬆的節目，例如重播的情境喜劇，或是其他不太刺激的節目。如果你無法不看電視入睡，那就盡可能看一些無趣的節目。盡量避免看新聞（本質上就是讓大眾注意立場兩極化或令人不安的事件）和廣告（特意用來吸引注意）。

七、避免在睡前使用電腦。電腦結合了電視的閃爍螢幕和有催眠作用及可隨選內容的電腦遊戲、電子郵件和網路瀏覽器。由此產生的體驗極具誘惑力；事實上，使用者常常會發現自己花在電腦上的時間，比預期的還要長兩到三倍。

在我們自己家裡，我們的睡前慣例經常包括了查看電子郵件。然後這個動作必定會延伸到瀏覽網站、看影片、玩遊戲，還有聽音樂。通常，我們會花上一個小時被網路世界吸引住，同時一邊等著身旁的人對我們說：「夠了唷！」然後才去睡覺。

經過幾週的睡不安穩——包括關於侵入者的夢魘——我們終於禁止在睡前兩小時使用電腦。結果如何？我們安靜地睡著了，不再夢到避開掉下來的石頭、蒙面的槍手，還有恐怖殭屍。

八、每晚睡七到八個小時。雖然你的確可以在某個程度上，在週末睡更久來「彌補」失去的睡眠。睡眠研究者和醫生一致認為：為了要保持你心理和身體的最佳表現，需要每晚七到八小時的睡眠。

要做到充足的睡眠越來越困難。雇主希望更多人下班繼續工作。在家工作，本來是要讓我們有更多的自由時間，已經變相成為增加工作的方式，讓我們每天二十四小時，每週七天隨時都可以工作。除了應付工作之外，我們還得擠出時間給孩子、配偶、家人和朋友。

面對這些需求，我們很容易就把「好好睡一覺」從每日清單中劃掉。不要這麼做。如果你把攝取足夠的維他命擺在優先，你就會工作得更好、玩得更好、愛得更好，進而活得更好。

第二站：探索睡眠階段

很難在睡覺的同時觀察自己。考慮到這一點，我們睡眠導覽的第二站包括了簡短的虛擬時空實地考察。目的地是你自己的臥室，上次你好好睡了一覺的地方。

・第一階段・

你看你就在那裡，在床上安頓好了，毯子蓋到脖子以下，膝蓋之間夾了你最喜歡的枕頭。你才剛關掉燈，正在床上暖呼呼地躺好準備入睡。

注意你胸前的起伏。有看到你呼吸得有多慢嗎？我們沒辦法從這裡知道，但是你的心率也大大地在減緩。這些確實你進入第一階段睡眠的跡象：那個從清醒世界過渡到睡眠世界，昏昏欲睡的美妙狀態。

我們現在必須特別安靜，因為最小的聲音——即使只是個低語——也能把你吵醒。（奇怪的是，如果現在被吵醒，你很可能會說你根本沒睡到！）但是，如果我們非常安靜，不用花超過十到十五分鐘，你就會從第一階段輕輕地進到第二階段。

・第二階段・

啊哈！你看到了嗎？你有看到你臉上快速閃過那個小小的抽動嗎？你還看到你的腳抽動了一下，手臂肌肉也收縮了一下嗎？沒看到？再仔細看一次：你正在經歷第二階段睡眠中特有的微弱肌肉抽搐。

有些人稱第二階段睡眠為「基礎睡眠」，因為當你在深夜進入更深的階段時，整個晚上你會有好幾次回到第二階段——大約每九十分鐘一次。陸陸續續，你大約會在這個階段待上總睡眠時間的百分之五十。

你的呼吸越來越慢，體溫開始下降。如果我們輕輕地叫你的名字或發出一點聲響，你可能會動一下，但你不太可能像之前那樣醒來。不過我們不會那樣做；相反地，我們會大約等個二十分鐘左右……

哇。看看你。你真是累壞了！

・第三和第四階段・

第三和第四階段非常類似，睡眠研究者稱之為「慢波睡眠」；你可以把它們想成「深度睡眠」和「非常深度睡眠」。在生理學上，它們非常相似，所以常被擺在一塊。

在這兩個階段，如果我們將你連到腦波紀錄器（Electroencephalograph，用來測量腦中電流活動的儀器），我們就會看見一種獨特模式，頻率變慢但振幅變高的波形，稱為Delta波。

Delta睡眠很重要。睡眠不足的人就是這種睡眠不夠，對於他們個性、心理和生理的影響很快就會顯現出來。還記得我們之前說過的激素分泌和細胞修復嗎？就是發生在這個階段，在Delta睡眠時。

同時：準備好做一個實驗了嗎？我們來叫你的名字，看看會發生什麼事。

一……二……三……現在叫！

你看看！你連動都沒動。即使我們搖你，你可能也不會立刻醒來。現在，你已經接近昏迷狀態。好吧，雖然你不是真的昏迷！

我們來做另一個實驗。仔細看，我會拿出手機打給你。最後，手機鈴聲把你吵醒。昏昏沉沉又搞不清楚方向，你努力掙扎。費了一大把勁，你把手放在聽筒上並且拿到耳邊。

「哈囉！」我說。「是我啦，只是打來看你還好嗎？我是不是太晚打了？你在睡了嗎？」

「嗯，喔。」你說。

「這就是我要的！現在回去睡覺吧，好嗎？」

「喔。」你說，用力放下電話。幾秒鐘之內，你又睡著了。

很有可能明早醒來時，你不會記得我們的對話。大部分的時候，如果人們從第三或第四階段睡眠醒來，且再度漸漸入睡，他們根本不記得自己曾經醒來。這兩階段的睡眠就是這麼深。

小朋友在第三和第四階段的時間比大人還來得長。如果你有小孩，你就知道我在說什麼。當孩子在第三或第四階段時，你可以在他們旁邊唱國歌、打鼓、把他們從這個房間抱到另一個房間、把他們的手腳擺出好笑的姿勢、把房子拆了……很有可能你的孩子還是不會醒來。

‧循環‧

當你進入第四階段，這就是你能進入的最深階段。如果在接下來的九十分鐘左右都不受打擾，你就會慢慢地，必定地爬回其他階段：第四階段，第三階段，第二階段……但是等等！一旦你回到第二階段，就會發生一件非常奇怪的事。你沒有回到第一階段，而是完全進入了另一種睡眠。

‧第五階段：快速動眼期睡眠（REM 睡眠，Rapid Eye Movement sleep）‧

再靠近床邊一點。你一定要看了才會相信。

看看你的眼睛。在眼皮下，它們在眼窩裡轉來轉去，動來動去。這正是對本書讀者最重要的睡眠階段——快速動眼期，也是夢境睡眠的特點。

在快速動眼期睡眠，或是夢境睡眠裡，幾乎所有的肌肉（除了橫膈膜之外）都會癱瘓。

不管你相不相信，這是件好事。許多睡眠研究者相信，這種暫時的癱瘓，舉例來說，正是讓你不會在夢到要吞下超大棉花糖時，真的一口咬下枕頭的原因。

雖然肌肉癱瘓，快速動眼期睡眠卻是所有睡眠狀態中最活躍的一個。你的體溫上升、呼吸加快。而且不只你的眼睛會跳來跳去，你的腦波也會！如果我們現在將你連到腦波儀器上，我們會看見獨特的鋸齒狀波形……證明你正在做夢。

如果你是男生，這個階段的睡眠很有可能讓你有勃起反應。（當我在其中一場夢境研習會中說到這件事時，一個女生在後面小聲地說：「有什麼東西不會讓男生勃起？」）如果你是女生，你可能會經歷到陰道收縮或其他性刺激徵兆。

大約十分鐘後，今晚第一次的快速動眼期睡眠就會停止。就像那樣，結束了！但是別擔心，你還會回來的。剩下的夜晚，除非有任何不可預知的干擾，你將會上上下下，就像一艘潛水艇在睡眠的大海裡下潛又浮上。

如果我們拿出碼錶，我們就會發現每一次往返——從 REM 下到第二階段，第三階段，第四階段，然後又回升到第三階段，第二階段，再度到 REM——大約需要九十分鐘。除此之外，每一次進入快速動眼期睡眠，你就會停留在夢境世界再久一點。

注意到房間變得更亮了嗎？隨著太陽升起，我們進入了清醒夢的「黃金時段」。你最長時間的夢境睡眠就發生在睡覺的最後一小時。因為這場特定的 REM 結束於意識狀態（而不是繼續回到第二階段），你也更可能記住在這最後一場夢境活動中所做的夢，除非你被鏡子裡自己剛睡醒的臉嚇得什麼都忘了！

第三站：獲得充足睡眠

美國人尤其有睡眠不足的問題。被二十四小時營業超市環繞，被五百個整天不停放送的有線電視頻道轉移注意力，還有被逐漸佔據家庭和個人時間的工作束縛，睡得越來越少。

美國國家睡眠基金會（National Sleep Foundation）過去幾年進行的「美國睡眠」調查顯示，大約一半的美國人口睡眠不足。在二〇〇一年，我們三分之二的人的睡眠時間低於建議的八小時。三分之一不到七小時。工作最多的人睡得最少，每週工作六十小時的人每晚只睡六小時或更少。①

賓州大學醫學院實驗心理學研究中心（Unit for Experimental Psychology at the University of Pennsylvania School of Medicine）的主任，大衛・丁吉斯（David Dinges）博士說，這是非常壞的消息，他指出，睡眠不足會讓表現變得不穩定，導致嚴重的記憶受損，無法快速清晰地思考，反應時間變慢。[2]

身為一位清醒夢練習者，你的睡眠品質變得非常重要。睡得好有助於提高你體驗和回想起生動夢境的能力。此外，如果你每晚睡了七到八個小時，你就會完成幾個健康的睡眠循環，充分利用了在快速動眼期睡眠的時間。你經歷的快速動眼期睡眠越多，你做的夢就越多……而夢越多，達到夢中清醒的機會就越多。

第四站：小睡片刻

晚上睡一場好覺是一回事，白天的小憩又是另一回事。

尤其是在過去，許多睡眠研究者都不贊成小睡，聲稱小睡會擾亂正常的睡眠週期。然而，有越來越多的睡眠專家高度讚揚「強效小睡（power nap）」。在《強力睡眠：革命性計畫，讓你的大腦為達最佳表現作好準備》（*Power Sleep: The Revolutionary Program That Prepares Your Mind for Peak Performance*）一書中，詹姆士・B・馬斯（James B. Maas）博士指出，適當的小睡可以改善情緒和敏捷度：

> 一場小睡的時間應該是十五到三十分鐘。如果你小睡超過三十分鐘，身體就會陷入

Delta 或深度睡眠。Delta 睡眠很難醒來，如果被中斷或是剛完成，會讓你醒來時感到頭腦非常昏沉……要堅持養成每天小睡片刻的習慣……只有在週末才小睡就像只有在週末控制飲食或運動一樣……不會有用的。③

美國人和英國人往往都不喜歡小睡，將它們跟懶惰聯想在一起。在我的上班生涯中，我的同事經常在午餐後感到疲憊想睡覺。他們大部分都不理會身體告訴他們的需求去小睡一下，而是讓自己痛苦不堪，拚命保持清醒。

十五分鐘的小睡會讓他們的身體恢復活力，頭腦也會恢復清醒。但是在我們這種「工作到你累倒」的文化裡，小睡一下會讓他們被貼上懶惰鬼的標籤。誰想要在老闆進辦公室時被發現趴在桌上呢？所以，他們沒有小睡十五分鐘，而是花二十到三十分鐘喝喝咖啡，抽個菸——反而對個人健康和工作效率更加有害！

・小睡片刻：清醒夢者最好的朋友・

當我們小睡片刻時，從第一階段直接進入快速動眼期睡眠並不少見。這讓小睡變成清醒夢者最喜歡的消遣活動。

我自己的小睡，以及那些我採訪過的人，他們的小睡都遵循著一種典型模式。當我漸漸入睡時（如果我已經想睡了，這個過程大約要花三分鐘），思緒會開始發散。我在回想的對話或是我在讀的資訊開始自己打亂，往奇怪的方向發展。影像在我眼皮內側閃爍，而我的身體開始下陷。

我幾乎毫無前兆地進入了夢境。通常，不管我原本在做什麼或想什麼，這些都會跟隨著我——這樣很好，因為在這種放鬆的狀態下，我常常會找到本來會被我忽略的解決方案。

根據我的個人經驗，小睡時的夢境很少像晚上睡覺時的夢境那樣穩定，它們很容易碎裂，但是特別適合用來實現夢中清醒。特別是當我一邊睡著時一邊想著：「我現在真的很想做一個清醒夢。」我就很有可能會做清醒夢。

・一個簡單的小睡方法・

如果你對強效小睡有興趣，你可能會想利用我朋友特雷爾教我的一個訣竅。特雷爾是前海軍陸戰隊員，他是從其他非常相信這個步驟的軍人學來的。

在入睡前，拿起一枝原子筆或鉛筆。用大拇指和食指輕輕夾著，就好像你要來回轉動它一樣。把你的手放在，如果筆掉了，讓它會碰撞到桌面或硬地板的位置（而不是掉到你的大腿或是地毯上）。好了之後就開始睡吧。

一開始的五到十分鐘，你的手指會好好地抓著筆。一旦你的睡意越來越濃，手指就會放鬆，最後筆會落下。撞擊的聲響會在適當的時間把你叫醒。你不會覺得頭腦昏沉，而是感到神清氣爽；你不會昏昏欲睡，而是相當清醒。

我可以親自保證這個方法有效。而且，如同我從個人經驗得知的，你很可能會從強效小睡中醒來，清楚地記得一個栩栩如生的夢境。

第五站：瞭解睡眠不足的危險性

在此刻，我們已經介紹過高品質睡眠的情況。我們也仔細討論過午睡，這種在美國最沒有受到充分利用的健康生活型態。但如果本書不談談「失眠」這個睡眠上最可怕的部分，這個導覽之旅就不完整了。

提前警告：接下來要說的事實並不令人愉快。事實上，這些故事本身，甚至比史蒂芬·金所編造出來的任何東西還要令人不安。如果你是在睡前讀的話，應該考慮把這段留到明天再看。動物愛好者和比較敏感的人可能會想完全跳過這一部分。

・動物實驗・

對於睡眠的本質和重要性的相關見解中，最引人注目的即是針對當健康睡眠被打斷或剝奪時會發生什麼事情。少了適當的睡眠，我們的身體和心理狀態將會急遽惡化。

一項在一九八九年進行的動物研究，顯示了睡眠的重要性。研究者將大腦活動監測器連到老鼠身上，接著把老鼠放在一個圓形籠子裡，籠子由一個機動隔板分為兩半。每當老鼠打瞌睡時，中央的隔板就會開始轉動，把老鼠吵醒，剝奪牠們的睡眠。

不到二十天，老鼠就死了。在死去之前，儘管牠們食量大增，體重卻驟降。牠們出現了皮膚損傷，表示免疫系統受到嚴重的抑制。牠們的心跳和代謝率急遽上升。奇怪的是，牠們是死於體溫過低……這個結果甚至讓研究者感到驚訝，他們的結論是，睡眠可能在某種程度上負責維持或調節我們的體溫。④

・失眠會致命嗎？・

目前還不清楚這些研究與人類的關聯究竟為何。然而，對於一種腦部退化疾病的研究表示，長期失眠對人類也是致命的。致命性失眠是一種非常罕見的遺傳疾病，人們對這種病的瞭解不多，但在某一時刻，大腦中調節睡眠的部分——丘腦，就這樣停止運作了。患者一開始很難入睡。隨著丘腦的停止運作，患者變得完全無法入睡，陷入瘋狂狀態，昏迷，最後在大約幾個月的緩慢過程中死亡。⑤

・暫時性睡眠剝奪的永久影響・

正如同彼得・特里普奇怪而悲傷的故事那樣，即使是短期的睡眠剝奪，也可能會產生悲劇性的長期影響。

在今天，大多數人都不認識彼得・特里普（Peter Tripp），但在一九五九年，他是紐約市最受歡迎的ＤＪ。除了想出「四十大」唱片排行榜之外，他是廣播界第一個意識到電視能夠提高人們對於流行音樂的興趣的人之一。簡而言之，他是個能夠帶領風潮，同時具有群眾魅力又有遠見的人。

三十二歲時，彼得・特里普的形象是眾所皆知的健康。不過，他小時候為了矯正髖骨的先天性缺陷，做過一次痛苦的手術，術後用拐杖支撐了十二個多月。

這個經歷，可能使他在一九五九那一年想做些什麼來支持先天性缺陷基金會（March of Dimes），該基金會近年來已擴大服務至有這類先天性缺陷的孩童。

彼得・特里普最後想到一個藉著打破世界紀錄的方法來為慈善募款。特里普對睡眠剝奪的故事特別著迷，他決定保持清醒兩百個小時，也就是超過八天不睡覺。為了要讓這場秀帶有科學實驗的味道，他請了兩位醫生——路易斯．韋斯特（Louis West）醫生和佛洛伊德．科內利森（Floyd Cornelison）醫生——來監測整個過程。

在那個時候，人們對於嚴重睡眠剝奪的長期副作用所知不多。韋斯特醫生曾經治療過被用睡眠剝奪刑求的前戰俘；這些人經常聲稱他們不再「感覺像自己」，並且遭受性格的永久改變。儘管韋斯特強烈建議彼得不要這樣做，這位DJ還是繼續他的計畫，在一九五九年一月二十日，特里普開始了他的失眠之旅。

挑戰開始。比賽規則很簡單：特里普在兩百個小時內不能睡覺。為了不讓他偷睡，助手們不斷看著他，連他待在浴室時也是。每個小時都會照一張相，用來記錄他的清醒狀況。除了監測他的生命跡象之外，醫生們也會用腦電圖來監測他的大腦活動。

實驗一開始，充滿活力和熱情的特里普就在時代廣場中心的美軍徵召站裡一個特別的廣播室，播送他的廣播。頭兩天，一切都很順利。保持清醒不用花費太多努力，甚至不用努力，特里普看起來已經做好成功的準備。

開始發生問題的跡象。到第三天時，疲勞感大舉侵襲特里普。他的招牌笑容被沒完沒了的惱怒取代，變得粗魯，會辱罵人，並且充滿挑釁意味。有一次，他變得非常無理又好鬥，以至於一位受雇進去幫他服務的理髮師還哭了出來，並且拒絕再度進入廣播室。

急速惡化。最後，特里普就跟前面描述的實驗中的老鼠一樣，開始嚴重失溫。他不停發抖，甚至在室內也一直穿著外套，戴著帽子。到第四天，特里普開始產生奇怪的幻覺，看見小貓、老鼠、蜘蛛網和超大蜘蛛；到了第五天，他聲稱不知道自己是真的彼得．特里普，還是一個冒充者了。有一次，他看見一位殯葬業者走過來，從廣播室裡尖叫起來，衝進時代廣場的車流之中。

特里普變得疑神疑鬼，指控廣播室的電工在他鞋底放置電極，咬定他的同事在他的食物裡下藥，最後甚至指控醫生延長實驗超過約定的兩百小時。監測特里普的醫生注意到他與現實脫節和最嚴重的幻覺，預計每九十分鐘會發生一次——幾乎等同一個睡眠者從快速動眼期睡眠到 Delta 睡眠，再回到快速動眼期睡眠，一個循環所需要的時間。

清醒時睡著。最奇怪的發現是在實驗結束的時候。在兩百個小時的清醒之後，彼得．特里普的大腦活動發生了徹底的改變。

他的雙眼睜開。他邊走邊說話。但是腦電圖數據卻顯示，特里普雖然明顯是醒著，實際上卻是睡著並且在做夢的狀態。在一九五九年二月九日《生活》雜誌（*LIFE Magazine*）

專題報導中的照片裡，特里普看起來就像行屍走肉⑦。

餘波。實驗結束後，特里普連續睡了十三小時（有些報導聲稱是二十四小時）。腦電圖數據顯示他幾乎都處於快速動眼期睡眠之中。一醒來後，他要了一份晨報，實際上看來，他似乎又恢復到正常、輕鬆愉快的樣子。《生活》雜誌報導顯示，「特里普似乎看起來很好。」⑧

然而，隨後發生的事情，表明了情況並非如此。在接下來的幾個月裡，特里普的個性變得更加陰暗，咄咄逼人。他的婚姻以離婚收場。這位原本的潮流引領者很快就失去了電台的工作，接著在其他電台工作一小段時間，最後又離開廣播界，轉職為出差業務員。

特里普的經驗意味著健康的睡眠在維持身體、情緒，和心理穩定方面扮演了不可或缺的角色。同時也表明了長期缺乏睡眠可能會導致嚴重後果，包括情緒改變和人格障礙。我們對此尚未完全瞭解。

避免睡眠不足的好理由

特里普的例子比較極端，我們很少會有人試圖去重複他嘗試打破失眠的世界紀錄。儘管如此，有太多的美國人總是沒有獲得足夠的健康睡眠。我們聲稱每天工作都來不及了，於是就減少在床上的時間。這麼一來，我們可能正在逐步達到彼得．特里普在他自我強制的「清醒馬拉松」中所承受的傷害。

波士頓大學醫學院（Boston University School of Medicine）最近的一項研究發現，睡眠不足與成人糖尿病發作之間存在著奇怪的關聯。[9]研究發現，那些每晚睡眠時間少於五小時的受試者得到第二型糖尿病的機率是那些有良好休息的人的二．五倍。

每晚只要少睡兩小時——把睡眠時間從七小時減少到五小時——就會大大削弱你清晰思考以及為行為負責的能力。WebMD.com 網站一項研究總結發現，在短短一週內，每晚少睡兩小時的人，到了週五，就跟連續四十八小時保持清醒的人一樣虛弱。[10]

睡眠不足與體重增加、免疫系統受到抑制，以及其他許多疾病有關。如同剛剛提到的研究所表明，每晚減少一或兩個小時的睡眠，可能會產生嚴重的後果。

睡眠不足與清醒夢

認真考慮追求清醒夢的人，其共同的擔憂就是，他們很在意清醒夢對於睡眠品質的影響。瞭解到每晚好好休息的重要性，有些人擔心，如果有意識地控制夢境會讓他們保持清醒，導致睡眠的不足。

考量到這些擔憂，記住下面幾點將會有所幫助：

- 過去幾年來，對於清醒夢的研究已經相當深入。**從來沒有任何研究指出，清醒夢在任何方面是危險或有害的**。
- 在開始清醒夢生活的第一個晚上，我確實有點難以入眠。一部分是出於興奮。但另一部分，也是因為太過於想要誘導出清醒夢。**你沒辦法強迫自己做清醒夢**！當我不再過份刻意後，我就恢復了正常的睡眠模式。不久之後，我就做了我的第一個清醒夢。
- **本書介紹的清醒夢技巧與放鬆練習有很多共同點**。試試這些放鬆練習不應該讓你感受到壓力。（如果有壓力，代表你做錯了！）根據我個人的經驗，實現清醒夢所涉及的心理訓練、冥想技巧，和其他過程實際上幫助我更快入睡——而且睡得更好！
- **如果你努力試著實現清醒夢，卻持續擾亂了你的睡眠品質，你隨時都可以停止**。

對於清醒夢的探索並沒有強制性。如果你不喜歡這種體驗，你隨時都可以爬回被窩，闔起眼睛，回到傳統的睡眠和夢境。

- **如果你是那種覺得「每天都不夠時間」來完成事情的人，你一定會愛上清醒夢。**因為清醒夢把意識延伸到睡眠狀態，你可以透過睡得更多，來完成更多事情——像是腦力激盪、探索藝術、發明舞步、解決問題和克服障礙！

擁抱睡眠

有了這些觀察，我們一夜好眠的導覽之旅就到了尾聲。

就像大多數人一樣，你可能也把睡眠當作理所當然的事——就是當你閉上眼睛時發生的事情嘛！不過，在這個時候，我希望我們的導覽之旅讓你清楚瞭解下列的重點：

- **你的日常生活大大地影響了你的睡眠品質。**為了得到讓人消除疲勞的睡眠，晚上少吃一點，避開興奮劑，睡前一小時做一些安靜、放鬆的活動。
- **睡眠具有週期性。**在較淺層的第一階段睡眠幾分鐘後，健康的睡眠者下降到Delta睡眠（第四階段），接著上升回到第二階段，再來就進入一個特殊的、產生夢境的睡眠狀態，稱為快速動眼期睡眠。在此之後，未受干擾的睡眠者從快速動眼期睡眠下降到第四階段，之後又再回來，整個循環大約需要九十分鐘。對清醒夢者而言，快速動眼期睡眠就是娛樂時間——一個去拜訪符合我們所有奇想的世界的機會。

- **短暫的小睡，除了可以提高我們的表現和專注力之外，也是做清醒夢的黃金時段。**當我們小睡片刻時，我們很容易從第一階段進入快速動眼期睡眠。為了避免醒來時還是昏昏欲睡，請把小睡時間限制在三十分鐘以內。
- **睡眠不足可能是現今在美國最被低估的健康威脅。**透過每晚七到八小時的睡眠來提升你的表現，捍衛你的健康，穩定你的情緒，並且讓你的頭腦保持清晰。除了避免身體和心理疾病之外，這樣的習慣還可以讓你充分利用快速動眼期睡眠的時間，讓你有更多實現夢中清醒的機會。

本章概述

對任何對夢境有興趣的人來說，獲得充足的健康睡眠是相當重要的。在睡前很長一段時間，就開始為一夜好眠做好準備。

在夜裡，你會在幾個不同的睡眠層次中循環。對清醒夢者來說，快速動眼期睡眠是最重要的——所有的夢都發生在這一階段。

透過健康的睡眠和小睡，你可以延長處於做夢狀態的時間，讓自己有更多做清醒夢的機會。然而，縮短你的睡眠時間會造成睡眠不足，對健康造成傷害的同時，也阻擋了你實現清醒夢的目標。

下一步該怎麼做？

雖然你可以自由地閱讀從這一章跳到另一章。但是我建議你考慮接下來閱讀下面的章節之一：

在第三章，你會發現一份「清醒度檢視表」，這個簡單的測驗將幫助你確定實現清醒夢的容易度。

遇到懷疑清醒夢的真實性和力量的懷疑論者嗎？跳到第四章，本章在講述支持清醒夢的科學論點概述。

① National Sleep Foundation, "Can't Sleep? Sleep Facts and Stats," http://www.sleepfoundation.org/hottopics/index.php?secid=9& id=34 (accessed April 20, 2005).

② Matt Pueschel, "Sleep shown as central to overall physical health," U. S. Medicine, July 2004, http://www.usmedicine.com/article.cfm ?articleID=898&issueID=64 (accessed April 20, 2006).

③ James B. Mass, Power Sleep: The Revolutionary Program that Prepares Your Mind for Peak Performance (New York: Villard, 1998), 126.

④ A. Rechtschaffen and others, "Sleep Deprivation in the Rat," Sleep 25, no. 1 (February 1, 2002), 68–87.

⑤ Dennis Murphy, "Family Battles Fatal Insomnia," MSNBC.com, January 14, 2005, http://www.msnbc.msn.com/id/6822468/?GT1=6190 (accessed July 2, 2005).

⑥ 我對彼得・特里普（Peter Tripp）進行奇怪漫長的睡眠剝奪之旅的總結源自多個出處，包括史丹利・柯倫（Stanley Coren）博士在《精神病時報》（*Psychiatric Times*）上發表的文章 (http://www.psychiatrictimes.com/p980301b.html)，在 HistoryOfRock.com 網站上的一個條目 (http://www .history-of-rock.com/peter_tripp.htm)，還有 ManFromMars.com 網站的照片和摘要 (http://www.manfrommars.com/tripp.html)，以及其他參考。

⑦ "Sleepless in Gotham," TIME.com, February 9, 1959, http://www .time.com/time/magazine/article/0,9171,892201,00.html (accessed July 14, 2005).

⑧ Ibid.

⑨ "Dire Risk if You Sleep Less than Six Hours," CNN.com, n.d., http://cnn.netscape.cnn.com/news/package.jsp?name=fte/sleepdiabetes/sleepdiabetes (accessed February 2, 2006).

⑩ Sid Kirchheimer, "Sleep Deprivation Hinders Thinking, Memory," WebMD.com, March 14, 2003, http://my.webmd.com/content/ article/62/71591.htm (accessed February 2, 2006).

第三章

你的清醒夢檢測表

在本章，你將會學到：

- 清醒夢檢測表，一個可以用來評估你做清醒夢潛力的簡單工具。
- 日常習慣如何影響你的睡眠品質和夢的性質。
- 在日常生活中一些小改變，可以用來促進更健康的睡眠，並且增加實現清醒夢的可能性。

清醒夢是天賦還是技能？

如果你正在閱讀本書，你的目的可能是想實現清醒夢，又或是增加清醒夢的頻率和品質。

清醒夢的研究者斬釘截鐵地聲稱做清醒夢是一種技能。根據我自身的經驗，再加上我對許多其他清醒夢者的採訪，我知道他們所言不假。只要有一點紀律、努力和練習，幾乎任何人都能成功。

那麼，這一章要討論的問題不是你是否能夠掌控你的夢境，而是你需要付出多少努力才能達到目的。達到夢中清醒有多困難？要多久才能做到第一個清醒夢？還有一旦開始做清醒夢之後，要做更多清醒夢的難度又是如何？

從清醒夢檢測表可以看出什麼？

考慮到這些問題，我設計了清醒夢檢測表（LDP，Lucid Dreaming Profile）。這些問題將探討你目前的睡眠習慣、影響你睡眠品質的因素、你以前做清醒夢的經驗，你回想非清醒夢的能力，還有你為實現清醒夢而付出的努力。

清醒夢檢測表並非是一種科學工具，所以不要期望得到像是以下的結果：「因為你的分數是八十九．五，你將會在十一月四日早上三點四十五分做第一個清醒夢。」相反的，這個檢測表是透過一個有趣、吸引人的方式來「大略估計」你達到夢中清醒的潛力有多少。

在檢測表的尾端，我重新探討了每個問題背後的邏輯概念。為了要讓這個練習盡可能有效，你應該將檢測表全部填寫完畢再閱讀那一部分。（不要偷看！）如果你的分數不如預期的高，這部分的訊息將提供一些見解，讓你可以用來提升潛力以及增加實現清醒夢的可能性。

清醒夢檢測表

誠實回答下列問題；在最後，評分指標將會幫助你評估結果。

1. 你平均每晚睡幾個小時？

Ⓐ 八小時或以上

Ⓑ七～八小時

Ⓒ六～七小時

Ⓓ五～六小時

Ⓔ五小時以下

2. 你平均每天喝下幾杯／罐含咖啡因的飲料？（咖啡、可樂、能量飲料）

Ⓐ無

Ⓑ一～三

Ⓒ三～五

Ⓓ五～七

Ⓔ七或以上

3. 你通常會在哪個時段安排運動？

Ⓐ清晨

Ⓑ上午

Ⓒ中午

Ⓓ下午

Ⓔ晚上

（註：如果你根本不常運動，請選Ⓔ）

4. 你多久吃一次豐盛的晚餐？

Ⓐ從不

Ⓑ很少

Ⓒ偶爾

Ⓓ經常

Ⓔ很常

5. 你多常在睡前看電視？

Ⓐ幾乎不或從不

Ⓑ很少

Ⓒ偶爾

Ⓓ經常

Ⓔ很常

6. 你有多常記得你的夢？

Ⓐ很常
Ⓑ經常
Ⓒ偶爾
Ⓓ很少
Ⓔ幾乎不或從不

7. 你平均每晚記得幾個夢或夢的片段？
Ⓐ五個或以上
Ⓑ三或四個
Ⓒ兩個
Ⓓ一個
Ⓔ無

8. 你過去有多常做清醒夢？
Ⓐ很常
Ⓑ經常
Ⓒ偶爾

Ⓓ很少
Ⓔ幾乎不或從不

9. 在過去一年裡，你有多常做清醒夢？
Ⓐ很常
Ⓑ經常
Ⓒ偶爾
Ⓓ很少
Ⓔ幾乎不或從不

10. 如果增加做清醒夢的頻率，你必須設定鬧鐘比平常提早一小時起床，你願意多常定期這樣做？
Ⓐ很常
Ⓑ經常
Ⓒ偶爾
Ⓓ很少
Ⓔ幾乎不或絕不

11.

如果增加做清醒夢的頻率，你必須寫下六十天的夢境日記——你記得的每一個夢境的書面描述，你願意多常定期這樣做？

Ⓐ很常

Ⓑ經常

Ⓒ偶爾

Ⓓ很少

Ⓔ幾乎不或絕不

12.

在過去，你有多少次利用肯定語——通常是大聲說出簡短，積極的言論來提醒你，自己的目標是什麼——來改變你的生活？

Ⓐ很常

Ⓑ經常

Ⓒ偶爾

Ⓓ很少

Ⓔ幾乎不或從不

13.

你現在有多常小睡片刻？

Ⓐ很常
Ⓑ經常
Ⓒ偶爾
Ⓓ很少
Ⓔ幾乎不或從不

14. 你有多常參與需要持續進行超過三十天或更長時間才能完成的計畫？

Ⓐ很常
Ⓑ經常
Ⓒ偶爾
Ⓓ很少
Ⓔ幾乎不或從不

15. 當你設定長期目標時，你有多常實現它們？

Ⓐ很常
Ⓑ經常
Ⓒ偶爾

Ⓓ很少
Ⓔ幾乎不或從不

16. 做清醒夢對你來說有多重要？

Ⓐ非常重要
Ⓑ重要
Ⓒ有點重要
Ⓓ不太重要
Ⓔ根本不重要

17. 你的非清醒夢有多生動清晰？

Ⓐ非常生動
Ⓑ生動
Ⓒ有點生動
Ⓓ不太生動
Ⓔ一點也不生動

18. 你有多常利用形象化——把你渴望的目標生動詳細地想像出來——來鼓勵自己實

現目標？

Ⓐ很常

Ⓑ經常

Ⓒ偶爾

Ⓓ很少

Ⓔ幾乎不或從不

19. 在你的非清醒夢中，有多常發生不可能或不尋常的事情（人類飛翔、突然變形……等等）？

Ⓐ很常

Ⓑ經常

Ⓒ偶爾

Ⓓ很少

Ⓔ幾乎不或從不

20. 奇怪或「格格不入」的人事物或地方，有多常出現來提醒你，你正在做夢？

Ⓐ很常

Ⓑ經常
Ⓒ偶爾
Ⓓ很少
Ⓔ幾乎不或從不

清醒夢測量表評分

評分檢測表快速又簡單！查看你的答案，利用下表來計算你的總分：

- 選擇Ⓐ，得到五分
- 選擇Ⓑ，得到四分
- 選擇Ⓒ，得到三分
- 選擇Ⓓ，得到二分
- 選擇Ⓔ，得到一分

記下你的總分。一般來說，總分越接近一百，就越容易開始做清醒夢。

- 如果你的總分在八十一～一百之間，你很有可能會輕易地做清醒夢。

- 如果你的總分在六十一～八十之間，你還是很有可能做清醒夢，但是一些生活方式的小小改變可能會幫助你更容易實現清醒夢。
- 如果你的總分在四十一～六十之間，你可能需要比那些總分較高的人花更多一點時間並且更加專注，但是依然極有可能實現清醒夢，尤其是如果你願意改變生活方式和日常習慣。
- 如果你的總分在二十一～四十之間，實現清醒夢對你來說是一種挑戰。但是只要有紀律，專心投入，再加上生活方式的重大改變，你也可以學會做清醒夢，但是這個過程可能需要花點時間。
- 如果你的總分在一～二十之間，學習做清醒夢將是相當具有挑戰性的。如果做清醒夢對你來說很重要，或許可以先考慮學習一些簡單的放鬆技巧，減少咖啡因的攝取，計畫開始後的三十天都要多睡一點。如果這些改變在此時對你來說並不實際，或許你現在並不適合追求清醒夢。

提升你的清醒夢潛力

如果你的檢測表總分不如預期的高，請別灰心，這些清醒夢檢測表的調查題目，顯示出評分背後的邏輯，同時也包含一些提高分數的建議。

為了充分利用這些資訊，

- 重新檢視你的答案，
- 找出你回答Ⓒ、Ⓓ或Ⓔ的問題。
- 查看與這些問題相關的見解，尋找提升清醒夢潛力的建議。

一、你平均每晚睡幾個小時？

正如我們在睡眠的導覽之旅中提到的，獲得充足的睡眠是潛在清醒夢者所能做的最佳投資之一。每晚七到八個小時的睡眠可以放鬆身體，恢復頭腦清晰，並且促進穩定、持續的睡眠循環。

更多的睡眠時間等同更多的做夢時間！如果做清醒夢對你來說很重要，那麼獲得健康的睡眠更是至關重要。設定一個睡眠時間，並且盡量堅持下去。每天差不多在同一時間起床——即使是週末——也會有所幫助。

如果你這題的答案是Ⓓ或Ⓔ，你不僅僅是與培養做清醒夢的能力背道而馳……更是拿著健康去冒風險。你早該好好審視目前的生活作息了。

二、你平均每天喝下幾杯／罐含咖啡因的飲料？（例如咖啡、可樂、能量飲料）

咖啡因和其他興奮劑是安穩睡眠的大敵。（記住：即便酒精是一種鎮靜劑，少量的話也會產生跟興奮劑一樣的作用！）特別是如果你聲稱已經感受不到咖啡因或酒精的效果，你每晚的睡眠還是很有可能會被夜間的戒斷症狀干擾。

而咖啡因可不是這裡唯一的罪魁禍首！

巧克力雖然攝取少量時有益健康，卻摻雜了咖啡因和糖分。如果你喝咖啡或茶會加糖，喝甜的酒精飲料，或是狂喝罐裝汽水和能量飲料，你也是讓自己沉浸在吃糖後的愉悅感之中。

以上這些物質都有可能損害你睡眠的品質和安穩。換句話說，有興趣追求清醒夢的人，可能得放棄他們現在睡前會吃的巧克力咖啡豆和一罐冰涼的紅牛（Red Bull）了。如果做清醒夢對你來說很重要，請考慮減少興奮劑和糖分的攝取。可以的話，在固定的上床時間之前兩到四小時內完全禁止。如果你在晚餐通常會喝茶或汽水，就換成冰水。如果你習慣每晚喝一杯咖啡，試試換成無咖啡因的綠茶。你會變得更健康……而且睡得更好。

如果你這題的答案是Ⓓ或Ⓔ，你的身體可能非常渴望優質的開水。除了幫助你實現清醒夢的目標之外，把飲料換成開水，也會對你的體重和健康產生意想不到的效果。

三、你通常會在哪個時段安排運動？

經常運動有助於身心健康，但是你不需要本書來告訴你這一點吧？短短二十分鐘的運動就可以促進隨後幾小時的新陳代謝。這對於那些早上鍛鍊的人來說真是太棒了。早晨慢跑、上班前先到健身房，甚至是輕快的晨間健走都可以讓你的身體在一整天燃燒更多卡路里。越早運動越好。

晚上運動可能都比不運動來得好。不過，深夜劇烈的運動也會促進幾個小時的新陳代謝，而這會影響到你放鬆和入睡的過程。但是我這麼說，並不是建議你當一個窩在沙發上看電視的人。

反之，特別是如果做清醒夢對你來說很重要，我建議你可以把運動排在一天內稍早的時段。

如果你是因為根本不常運動而選擇Ⓔ的其中一人的話，你並不孤單。有太多人忙於工作和日常事務，即使真的有運動也做不多。如果你也是其中一員，想必你也心裡有數，從健康的角度而言，這對你很不利，容易引發心臟病、高血壓和糖尿病。

然而，這也違背你追求清醒夢的目的，因為體重過重和運動不足的人更容易得到睡眠呼吸中止以及其他睡眠相關的疾病。

只要做點運動，即使是每週四次，每次十五分鐘的快走，對於改善你睡眠的品質和寧靜也會很有幫助。

四、你多久吃一次豐盛的晚餐？

我住在美國南方，這裡的標準晚餐菜色是炸雞、馬鈴薯泥、起司通心麵、一塊塊的烤牛肉和牛排，還有跟磚塊一樣大的巧克力蛋糕。

但是，你不必是南方人也可以察覺到自己晚餐吃太豐盛了。如果你經常外食（我們越來越多人如此），那麼你很有可能發現自己參加了過多的吃到飽飯局，坐在裝著特大份量食物的大盤子前用餐。

狼吞虎嚥吃下一頓豐盛的晚餐，可能會讓你懶得動又昏昏欲睡。一開始，這對那些對睡眠和夢境有興趣的人來說可能很棒。問題是，那些食物都需要被消化……而且，如果你在晚上吃整天最大的一餐，它就必須在你睡覺的時候被消化。當你在該享受清醒夢的時候，你的胃卻在收縮，食道在對抗嚴重的消化不良。

一頓豐盛的早餐是件好事。一頓豐盛的午餐可能會讓你在工作時昏昏欲睡。但是從做清醒夢的角度來看，這兩個都比一頓豐盛的晚餐來得好。晚餐還是盡可能少吃一點。

同樣地，這一題選擇Ⓓ或Ⓔ的人，除了為了要實現清醒夢而改變習慣之外，也應該要為了健康而做出改變。

五、你多常在睡前看電視？

在睡前看電視可能不是個好主意，取決於你看的是什麼。

至於我呢？我更喜歡房間裡不要放電視。我覺得液晶螢幕發出的光對於一個專為睡眠和做夢而設的房間來說太過強烈。即使電視關著，那顆小小的紅色指示燈也會讓我惱火。

但是我的伴侶一定要在睡前看電視；他聲稱看看不太需要動腦的東西可以幫他放鬆。例如《馬爾柯姆的一家》（*Malcom in the Middle*）或是《老公老婆不登對》（*Dharma & Greg*）的重播，能讓他忘記一整天的煩事。不過，他也承認看晚間新聞或是像《每日秀》（*The Daily Show*）這樣充滿政治話題的節目反而讓他更難入睡。

我的建議是，如果清醒夢對你來說很重要，你應該要考慮在睡前大約一小時就把電視關掉。把最後這一小時用來做一些使人平靜的睡前慣例：選擇明天要穿的衣服、梳洗、讀一本平靜的書、冥想聖經，或是肯定你對做清醒夢投入的努力。

如果這題你選擇的答案是Ⓓ或Ⓔ，是時候該意識到你睡前看電視的習慣，除了違背你做清醒夢的目標之外，從健康的角度來看可能也是個問題！

六、你有多常記得你的夢？

回想夢境挺難的。夢很快就消失；在醒來之後一小時內，最清晰生動的夢境也可能完全被遺忘。在我開始寫下夢境日記之前，我會經常在早晨回想起那些生動的夢。然而到了下午，就完全記不得了夢境的細節了。我記得有做夢。我甚至還記得那個夢是有趣或重要的。但是夢的內容呢？完全忘記。

大多數對做清醒夢感興趣的人早已全心投入他們的夢境。如果你對自己的夢好奇，你自然會比那些覺得夢不重要的人更容易記住它們。

如果這題你選擇的是Ⓓ或Ⓔ，振作起來！夢境回憶會隨著時間和練習而改善。你可以考慮把「聊聊夢境」加入早晨的慣例，與朋友、配偶、伴侶或家人分享彼此的夢。除此之外，把夢境寫在筆記本或日記也會大大提升你記得夢境的能力。回顧先前那些夢境內容也是相當有趣。每次我這麼做的時候，我發現自己經常在說：「哇！我完全不記得有做過那個夢！」

七、你平均每晚記得幾個夢或夢的片段？

每晚做的夢越多，就越有機會在夢裡「醒來」，達到有意識的控制，感受夢中清醒。在籌備本書時，我注意到我採訪過的人當中出現一個趨勢：那些說自己常做夢的人更容易在夢中保持清醒。如果你每晚都記得很多夢境或當中的片段，我的經驗告訴我，你會更容易學會做清醒夢。

如果本題的答案你選擇Ⓒ、Ⓓ或Ⓔ，你還可以做很多事情來改善你的夢境回憶，提升做清醒夢的潛力。因為在你清醒過來之前，你通常處於快速動眼期睡眠階段，設定鬧鐘比平常提早二十或三十分鐘就會有很好的效果。

如果你可以很容易再度睡著，有些夢境研究者提供一個成功率極高的方法：他們把鬧鐘設定在預計起床時間前兩個小時，保持清醒大約半小時，然後再回去睡覺。他們說起床前最後的九十分鐘充滿了生動清晰的夢。

最後，小睡片刻也提供了絕佳的機會讓你增加每日做夢次數。小睡時先設定鬧鐘（或試試第二章提到的握住鉛筆的技巧），你將會驚訝地發現你有醒來時有多常記得夢境或夢的片段。

八、你過去有多常做清醒夢？

九、在過去一年裡，你有多常做清醒夢？

第八和第九題都涉及了你做清醒夢的頻率，所以我們放在一起討論。

如前面所提，做清醒夢是一種技能。作為一種技能，它就可以透過練習來學會和改進。

不過，就像有些人有音樂或運動方面的天賦一樣，有些人就有夢中清醒的天性。在我寫這本書前所做的採訪證實了我的結論，即這兩題回答Ⓐ或Ⓑ的人很容易就能自覺地增加他們做清醒夢的頻率。

如果你的答案是Ⓓ或Ⓔ，別擔心。我採訪過的好幾個人，在他們開始嘗試做清醒夢之前，也是不曾夢到過。一旦他們致力於這個過程，很快就能成功。

當我開始嘗試做清醒夢時，夢中清醒對我來說是很難得的體驗（除了前面提到的童年記憶之外）。而現在，我越來越常做清醒夢。一般來說，通常會是下面的情況：

- 如果你不記得有做過清醒夢，跟著本書所列的計畫練習，你很可能要花九十天才能達到夢中清醒。

- 如果你記得偶爾做的清醒夢，你將會在六十天內看到成果。
- 如果你很常做清醒夢，而且希望增加清醒夢的頻率，你將會在三十天或更短的時間內看到成果。

在某種程度上，做清醒夢就像運動。一旦你開始定期的運動計畫，力量就會隨著時間慢慢增加。如果你從來沒有運動過，一開始即使是適度的日常鍛鍊也會相當困難。如果開始的時候你的身體狀態本來就很好，實行和維持你的運動計畫就會很容易。

十、如果增加做清醒夢的頻率，你必須設定鬧鐘比平常提早一小時起床，你願意多常這樣做？

十一、如果增加做清醒夢的頻率，你必須寫下六十天的夢境日記——你記得的每一個夢境的書面描述，你願意多常定期這樣做？

這兩個問題都和之後會討論的夢境增強方法有關。如果你比平常起床時間早一點醒來，你很有可能打斷了快速動眼期睡眠循環，因此記得夢境內容。如果將這些夢寫在筆記本或日記上，你憶起夢境的能力就會與日俱進。

其實第十和第十一題是在問相同的事情：你有多熱衷於探索或增強做清醒夢的能力？這麼做可能需要你改變或養成新的習慣。你願意做提早清醒時間的實驗嗎？你願意接受長期紀錄夢境的訓練嗎？如果這兩題你的答案是Ⓓ或Ⓔ，你可能抗拒做出以長期來看有助於你追求夢中清醒的改變。

十二、在過去，你有多少次利用肯定語——通常是大聲說出簡短，積極的言論來提醒你，自己的目標是什麼——來改變你的生活？

肯定語已經被使人感覺良好的勵志專家過度濫用，以至於現在很多人都拒絕採用。即便如此，妥善使用肯定語也是一種做出改變的有力工具。不論你想減重或是改變糟糕的自我形象，自我肯定已經被證實是一種能提高成功率的技巧。它們每天把目標擺在你的眼前，提醒你終極目標。

在本書後面的章節，你將會學到可以幫助觸發清醒夢，以及讓你更加意識到夢境狀態的肯定語技巧。和那些用來使你相信自己擁有某種特質或能力的肯定語不一樣的是，這邊的肯定語目的在於創造出你細微的意識改變。

如果你願意利用肯定語，你會比那些不採用的人更快實現清醒夢。如果你以前有利用過肯定語來改變行為或強化目標，那麼本書的肯定語方法將很有可能提高你做清醒夢的成功率。

十三、你現在有多常小睡片刻？

正如前一章談到的睡眠，小睡片刻適合用來產生清醒夢。如果你願意在你的日常生活中增加十五到二十分鐘的小睡，你將會增加做清醒夢的機會，而且也會得到快速小睡的所有好處。

十四、你有多常參與需要持續進行超過三十天，或更長時間才能完成的計畫？

雖然我採訪過的一些人告訴我，他們在開始追求清醒夢的幾天內就達成目標，但是絕大多數的人說，他們在實現夢中清醒前，需要投入好幾個禮拜或好幾個月的努力和訓練。

對我來說的確是這樣。我只要下定決心要做清醒夢，就會開始記錄夢境日記，利用肯定語以及目標形象化的方法來促進清醒夢。我是個學得很快的人，所以我期待自己馬上就能做清醒夢。但過了三十天後依然什麼都沒發生。

那時我一度想要放棄……但最終還是堅持了下去。主要是因為記錄夢境帶來了許多洞見和益處。一個月之後，我再度動搖，最後我還是選擇繼續嘗試。我很高興我堅持了！我的第一個清醒夢在記錄夢境日記以及集中注意力九十天後發生了，從那之後，做清醒夢的頻率一直在穩定增加。

如果這一題的答案，你選擇的是Ⓐ或Ⓑ，這些需要持續努力很長一段時間，才能感受到明顯益處的計畫對你來說是輕而易舉（想想減重和運動計畫——但是別讓一兩次失敗的飲食控制阻礙你追求清醒夢）。如果你的答案是Ⓓ或Ⓔ，你可能要先想想你對做清醒夢的興趣是否足夠強烈，能夠支持你撐過六十天或九十天才能完成的計畫。

十五、當你設定長期目標時，你有多常實現它們？

第十四題看的是你有多常參與長期計畫；第十五題則是看你的成功率。當你設定要減重十五磅時，你成功了嗎？當你決定要重回校園拿學位時，你成功畢業了嗎？去年，當你選擇要為買新車存錢時，你有做出必要的犧牲來支付頭期款嗎？當你買了承諾「財務改造」的金融自助計畫時，你是在接下來的一年裡減少了債務呢？

如果這題你回答的是Ⓓ或Ⓔ，不要自責。過去的成功會增加你的信心和堅忍，讓你更容易設定和達成新的長期目標。如果你過去在長期目標上沒有太大的成功，你還是有機會達成這個計畫，尤其是如果你願意投入努力和練習來追求做清醒夢的目標。

十六、做清醒夢對你來說有多重要？

這個問題實際上是在問：依重要性，從一分到五分遞增，對你來說，做清醒夢有多重要？

顯然地，那些比較有興趣追求清醒夢的人，更有可能投入時間和精力去激發清醒夢。

同時，你很可能有一些必須優先考慮的事情，包括繳帳單和買食品雜貨一類的事情。這些事情對你生活品質的相對重要性可能更勝清醒夢。

所有這些都是在說：保持正確的觀念。不少研究者指出，拚命想做清醒夢的人更難達到清醒夢。放輕鬆，享受過程吧！如果要達到夢中清醒，你越在意就越容易失敗。

另一方面，如果你的答案是Ⓔ（「一點也不重要」），你對於達成目標不是有超乎常人，充滿禪意的超脫，不然就是你看錯書了！

十七、你的非清醒夢有多生動清晰？

當我採訪其他清醒夢者時，幾乎所有人都跟我說他們的夢境總是非常生動和逼真。大部分人都說夢是彩色的。許多人強調他們的夢包含了高度的感官體驗，非常詳細地告訴我他們在夢中的所見所聞，空氣中的聲音、粗糙的石頭、寒冷的氣流、強烈的快樂或痛苦，以及催眠的感覺。

我自己的夢境也總是非常生動，鉅細靡遺的程度甚至讓我驚訝。看一眼我的夢境日記，就可以看到五彩繽紛的現實主義：生意興隆的咖啡廳，充滿野生動物的林蔭小徑，成群的人們，他們的穿著、談話和習慣顯示出他們擁有複雜的生活歷程。

依照我的經驗，做夢生動的人更容易成為清醒夢者。當然，如果你的夢往往是生動的，你可能更容易辨識出夢境暗示（幫助區分夢境和現實的標誌），大部分的清醒夢者利用這項工具來延伸他們的意識到他們的夢境中。

十八、你有多常利用形象化——你渴望的目標，其生動、詳細的想像畫面——來鼓勵自己實現目標？

當我在冥想時，我會大量運用形象化：盡可能詳細生動地想像未來的事件。在本書後面我將討論各種多年來我使用的形象化方法（我稱之為「積極的白日夢」）。我相信透過把我的意識延伸到想像中，讓我更容易將意識延伸到夢境狀態。

早在勵志大師在每場要價五百美元的研習會上，要求與會者去「想像他們成功的時候」，魔術師和形上學家就使用形象化來集中注意力和專注目標了。

看到自己成功的樣子可以提升動力、保持努力……還能讓你感受到依照自己喜好來運用心靈現實的振奮感！

如果你經常利用形象化你的目標作為激發成功的一種方式，或甚至花了很多時間做白日夢，那麼你已經對於製造和觀看自己的心靈電影很熟練了。如果這題的答案你選擇Ⓓ或Ⓔ，你可以在追求夢中清醒時嘗試形象化的方法，因為這些技能明顯是相輔而成的。

十九、在你的非清醒夢中，有多常發生不可能或不尋常的事情（人類飛翔，突然變形……等等）？

在夢裡，我們常會實現不可能的事情。在最近的一個夢中，我對於收銀台排了一長條隊伍感到不耐，於是像汽球那樣飄向天花板，從那些心煩意亂的顧客頭頂飄過，再咚一聲地落在隊伍的最前面。就在上禮拜，一個朋友告訴我，他的夢裡有一個包裹，迅速地變成一隻小狗，再變成一個嬰兒，最後是一袋鮮摘的玉米。

在我們的夢裡，我們都對於不可能發生的事情——我的即興飛翔和他包裹的驚人變形——處之泰然。

你很有可能在夢裡做過相同的事情。在夢裡，我們常經歷一些光怪陸離的事情，奇怪的是，即使我們目睹違反現實規律的事情……我們也會覺得那很正常而不予理會！

每一個不可能都代表了一個機會：一個意識到：「嘿，這不可能發生在現實世界！」的機會。如果你的夢裡充滿了不可能發生或存在於清醒世界的事物，你就有更多機會意識到自己在做夢，擁有更多機會控制你的夢境。

二十、奇怪或「格格不入」的人事物或地方，有多常出現來提醒你，你正在做夢？

起初，第十九和二十題看起來非常相似……但事實上，第二十題探討的是一個非常特定，非常重要的事情。

正如我剛剛提到的，做夢的時候，我們經常經歷不可能發生的事情，但卻不會對此留下深刻印象。由於某些還不清楚的原因，做夢者很容易接受一些奇怪的事情，這些事如果發生在清醒世界，可能會讓我們感到不安。

許多我採訪過的清醒夢者說，在做清醒夢前，他們經常目睹不可能發生的事情，意識到事情是不可能的，並且意識到他們正在做夢。

意識到「我正在做夢」的震驚會讓他們醒來。我也有這種經驗。在某個夢中，我的兩個朋友坐在咖啡店裡，其中一人突然不見了。我忽然意識到我在夢裡……我那不見的朋友一定是消失了，因為了解到一樣的事情，他從夢裡被拋回現實世界。當一切都變得清晰起來時——我也發生了一樣的事情！

意識到做夢狀態是實現夢境控制的第一步。如果你經常經歷這種情況，你很快就會成為一個清醒夢者。

本章概述

做清醒夢是一種技能；只要專心致力和保持紀律，幾乎所有人都可以做清醒夢。清醒夢檢測表探討了你的睡眠習慣、睡眠品質、夢的性質，以及你目前對於夢境和回想夢境的控制程度。雖然清醒夢檢測表不是一種科學工具，但它可以幫助你估計為了實現清醒夢，你可能需要投入的時間和努力。它也可以幫助你找到改變哪些睡眠習慣或每晚的例行事項以誘發清醒夢。

下一步該怎麼做？

清醒夢檢測表的分數，讓你對於設計自己清醒夢的容易度更有概念。完成檢測表也能幫助你發現，哪些生活方式或日常習慣的小改變，可以大大提升你達到夢中清醒的機會。

完成檢測表之後，你有幾個選擇：

- 第四章講述的是目前持續發展中的清醒夢研究的概況。如果你對於越來越多的科學證據支持清醒夢的真實性感到好奇（或者你遇到不認同這個概念的懷疑論者），就從這章開始吧。
- 如果你已經準備好開始有助於清醒夢的生活方式，你可能會想跳到第五章，在這一章裡，你將透過一些工具和技巧，實際體驗快速達到夢中清醒。

第四章

實驗室裡的清醒夢

在本章，你將會學到：

· 懷疑論者認為清醒夢完全是幻想的論點。

· 證明清醒夢真實性的大量文獻。

· 史蒂芬 · 拉柏奇（Stephen LaBerge），第一位清醒夢研究者的研究。

· 支持清醒夢的存在是真實且可測量的意識改變狀態的客觀證據。

清醒夢存在嗎？

真的有清醒夢這種東西嗎？

對於我們這些常經歷夢中清醒的人來說，這個問題聽起來確實很傻。這當然是真的囉！

「就在昨晚，」你說，「當我夢見我和我的朋友丹尼斯說話時，我忽然意識到丹尼斯長的仍然和三十年前我最後一次看到他時一模一樣。我馬上就知道自己正在做夢，所以我把丹尼斯換成《慾望師奶》（*Desperate Housewives*）裡的水電工，並且擅自在紫藤巷裡逛上一圈！」

也許你真的那麼做了。但是你要怎麼證明你真的實現了你的《慾望師奶》幻想？又沒有錄影。我們還沒有發展出可以從做夢中的大腦捕捉影像的技術。有沒有可能，你並沒有控制你的夢境，你只是夢到自己在控制夢境？或者你是糊塗了？被騙了？還是你根本在說謊？

換句話說：如果你必須證明清醒夢的存在，你能提出什麼客觀證據來支持你的主張？

尖刻的主張vs.超然的事實

正如第一章談到的，懷疑論者如羅伯特．陶德．卡洛（Robert Todd Carroll）持續堅持夢中清醒狀態是做夢者幻想虛構的東西，經常帶著嘲弄和藐視來攻擊夢中清醒的概念。①

也許是痛恨受到這樣的對待，導致一些清醒夢作家和專家完全遠離了客觀的研究。這些清醒夢者沒有捍衛自己的信念，也沒有尋找支持夢中清醒狀態存在的證據，而是警告讀者遠離那些想採取科學方法的人。羅伯特．摩斯（Robert Moss），在《有意識的夢：日常生活的心靈之路》（*Conscious Dreaming: A Spiritual Path for Everyday Life*）一書中寫道：

> 沒有做夢的『專家』……如果你需要指導，可以向經常搭飛機的人請教，而不是詢問把平板玻璃隔在實驗和經驗之間的學者。

一方面，還有懷疑論者主張，清醒夢只不過是新時代的胡說八道。另一方面，也有真正的信徒認為，對清醒夢現象進行科學研究，幾乎根本不會有所斬獲。正如我們即將看到的，有越來越多的證據——大部分是基於做夢中的清醒夢者的實驗室研究——挑戰這兩個推論。

專家證詞 vs. 證據

相信星體投射（astral projection）、靈魂出竅（out-of-body experiences）和靈通遙視（remote viewing）的人一定是對自己的信仰深信不疑。支持這些現象的證據依然是來自於本人，而且幾乎是傳聞。這些現象很少有實驗證據，甚至根本沒有；我們擁有的資訊幾乎都是來自那些聲稱達到那些狀態的人的證詞。

多年來，清醒夢也面臨一樣的處境。艾爾維聖得尼侯爵（the Marquis d'Hervey de Saint-Denys）的著作《夢境以及如何引導夢境》（*Dreams and How to Guide Them (1867)*）是一部涵蓋了作者二十年的清醒夢歷險記。

懷疑論者會快速且準確地指出，拿這樣的一本書當作一個人的個人證言，並不具有科學證據的力量。

雖然西格蒙德．佛洛伊德忘了在他的傑作《夢的解析》（*The Interpretation of Dreams*）提到清醒夢，但他在一九〇九年發行的第二版確實增加了一條似乎是指清醒夢的注釋：

> 有些人在夜裡很清楚地意識到他們在睡覺和做夢，因此他們似乎具備有意識地指導夢

境的能力。例如，如果這類型的做夢者對於夢境的轉折感到不滿，他可以在不醒來的情況下把這個夢中斷，然後再從另一種方向改寫——就像受歡迎的劇作家在讀者的壓力下寫出一個更快樂的結局。

在這裡，佛洛伊德似乎承認某些人在做夢時，能夠並且確實擁有意識和達到控制……但是這樣的認可，即使來自備受尊敬的權威，也不能當做清醒夢存在的客觀證據。

在《清醒夢》（*Lucid Dreaming*）一書中，史蒂芬・拉柏奇（Stephen LaBerge）列舉出多位記錄並發表個人清醒夢經驗的作家，醫生，研究者和神祕主義者：恩斯特・馬赫（Ernst Mach），弗雷德里克・范・伊登（Frederik van Eeden），伊夫・德拉赫（Yves Delage），瑪莉・阿諾—福斯特（Mary Arnold-Forster），休・卡洛威（Hugh Calloway），彼得・D・鄔斯賓斯基（Piotr D. Ouspensky），艾瓦尼・安伯里・布朗（Aiwani Embury Brown），哈洛・范・莫爾斯—梅斯默（Harold von Moers-Messmer）以及納森・拉波特（Nathan Rapport）等人。

但這些做夢者所寫的書和文章，充其量只是一種對清醒狀態的描述。嚴格地說，這些證詞仍然容易受到懷疑論者的質疑，他們認為清醒夢只不過是個「做夢者夢到自己正在做夢的夢而已」。

第一個夢中清醒的客觀證據

要驗證實驗對象是否睡著了相對來說比較容易。睡眠時的大腦活動和清醒時的大腦活動有很大的不同。靈敏的儀器，尤其是腦波監測儀（EEG monitors），可以記錄並證實這些差異。

要確定睡眠對象是否在做夢也相對較為容易。幾乎我們所有人都看過伴侶、孩童或寵物在夜間冒險的痛苦中。我們看到抽動的四肢和轉動的眼球——都表示著他們正在做夢。透過肉眼的觀察再加上大腦活動的紀錄，提供了無可辯駁的證據，證明實驗對象不只睡著了，而且還在做夢。

然而，清醒夢研究者面臨的挑戰不是證明做夢狀態存在，而是有意識地做夢狀態存在。當然，實驗對象可以證明他們控制了自己的夢境，但卻只能透過傳聞而且是在事後證明，清醒夢發生在快速動眼期睡眠階段，此時我們的身體呈現癱瘓狀態。那麼一個正在做夢的人，要如何向外界傳達他的夢中清醒狀態呢？

眼球運動說明了一切

雖然一位利物浦大學（Liverpool University）的英國超心理學家基斯．赫恩（Keith Hearne），選擇不要引起太多人注意自己的研究，但他很可能就是第一位解決這個問題的研究者。早在一九七八年，赫恩就提出了訓練做夢者利用眼球運動來表示自己是有意識的狀態的想法。②

除了呼吸系統之外，眼球似乎也不會阻止我們把夢境實際表現出來，還有可能悄然發生癱瘓。至少有一項早期研究證實，做夢者的眼球運動在某種程度上與他們描述的夢境一致（在實驗室的環境下做夢，受試者的眼球規律地從左向右移動。醒來之後，他告訴研究者他夢到一場乒乓球比賽）。那麼，做夢者似乎有可能在清醒世界學習到一組特定的眼球運動……然後，在他獲得夢中清醒後，利用傳達那組眼球運動來表示他的成功。

赫恩的研究，特別是一個叫做艾倫．沃斯理（Alan Worsley）的實驗對象，取得相當大的成功。

在一年的時間裡，沃斯理在赫恩的睡眠實驗室度過了四十五個夜晚。睡在實驗室時，沃斯理作了八個清醒夢。在這八次中，即使儀器已經證實他睡著了並且正在做夢，沃斯理也能利用他和赫恩設定的「摩斯密碼」眼球運動來表示他達到夢中清醒。

此外，當入睡前被指派簡單的「夢中任務」時，沃斯理可以在他的清醒夢中記起並且執行那些任務。有一次，赫恩請沃斯理在夢中房間的牆壁上畫三角形；當沃斯理這麼做時，他的眼睛跟著夢裡手的動作，成功地畫出一系列獨特的三角形。另一次，沃斯理被要求在夢裡踩踏明確的步數。當睡眠癱瘓阻止他實際的肢體活動時，赫恩記錄到他大腦和腿部之間相應的電脈衝（electrical impulses）。

奇怪的是，雖然赫恩在他未發表的博士論文中記述了這些進展，他卻從未採取行動吸引科學界注意他開創性的研究。除了在英國一家小型的護理雜誌上發表了一篇文章，赫恩似乎甘願讓自己的研究不太被外界注意。

同時間在大西洋的彼岸

在七〇年代末期，美國研究者史蒂芬·拉柏奇，開始了自己的探索，紀錄下清醒夢狀態的真實性。雖然完全不知道赫恩的研究，拉柏奇卻有相同的想法：利用眼球運動作為獲得夢中清醒的信號。和赫恩不同的是，拉柏奇這位終生的清醒夢者，竟以自己作為實驗對象。

在一九七八年的某個十三號星期五，拉柏奇在實驗室裡做了第一個清醒夢：

看起來像是吸塵器或類似電器的說明書掠過我的腦海。我感覺它只不過是我意識流中漂過的零碎雜物，但當我集中精神試著閱讀上面的文字時，影像就逐漸穩定下來，我感覺自己張開了（夢中的）眼睛……我決定做出我們約定當作信號的眼球運動。我提起手指在面前垂直移動，眼睛跟著手指的方向。

當拉柏奇醒來後，他發現「波動描寫器的紀錄上有兩個巨大的眼球運動」，證明了當他在快速動眼期睡眠階段時，他也能夠有意地傳達信號到清醒世界。

波動描寫器上的兩個尖峰只是一個開端。在拉柏奇的實驗室裡，除了他之外，還有其他被稱為夢境旅行者或夢境航海家的清醒夢者進行實驗，這些實驗逐漸確認並定義出支配夢中清醒的規則。

更多來自實驗室的見解

隨著時間的推移，拉柏奇，他的學生，以及其他研究者記錄了清醒夢體驗的各個層面，這些體驗在不同的做夢者身上具有相當的一致性。

夢中清醒的生理學

基本上，做夢者有兩個身體——一個是睡覺時癱瘓的身體，另一個是在夢中感覺到夢的體驗並進行夢中動作的身體。

在他們相當早期的研究中，拉柏奇和他的學生發現這兩個身體似乎有著密切關係。換句話說，我們在夢中身體所經歷的，對於我們看起來消極的身體有著非真實且可測量的影響。

運動。我們的眼睛反映出夢中眼睛的運動。移動夢中的手臂和腿部會輸送脈衝到我們的手臂和腿部，但大部分都會被睡眠癱瘓所抑制。

大腦活動。當清醒夢者在夢裡唱歌或大聲數數時，這些活動會進入現實世界中大腦控制音樂和數學能力的部分。

呼吸。在一項實驗中，清醒夢者被要求發出兩次信號：一次是當他們達到夢中清醒時，另一次是在夢中開始屏住呼吸時。查看做夢者生理狀態的輸出資料，外部觀察者能準確指出何時出現商定的眼球運動信號，以及做夢者開始在夢裡屏住呼吸促使他們的身體暫停正常呼吸的時間點。

性行為。許多清醒夢者最初的嗜好就是夢中性愛。為什麼不呢？在清醒夢裡，做夢者不必擔心懷孕或性傳染病，可以和任何人，在任何時間，任何地點發生任何形式的性行為。

志願受試者被指示要發出信號，標示夢中清醒的開始、假設的夢中性行為、以及達到夢中性高潮，幫助研究者驗證了睡眠中的身體對夢中性行為的反應和現實世界中的性行為完全一樣（除了心率似乎不受影響）。

在夢中進行性行為時，清醒夢者呼吸速率增加。男性感受到勃起；女性體驗到陰道血流量及收縮的增加。

雖然夢中性高潮不一定會導致射精，但男性和女性清醒夢者皆描述，在清醒夢中的性行為經常導致難以抵擋的強烈性高潮。

夢中清醒與意識

・記憶・

一旦清醒夢者意識到他們正在做夢，透過練習，他們便可輕鬆地回憶起在清醒世界熟記的指令。這顯示出我們在夢中的意識與清醒的意識有著密切的關聯。

然而，夢境狀態的確似乎會損害或扭曲記憶的某些方面：

在一個由B・G・馬卡（B. G. Marcot）進行，希莉亞・格林（Celia Green）記述的實驗中，志願受試者熟背許多長串數字——包含圓周率 π 到小數點後好幾位數。他們說，在清醒夢裡無法記起超過序列的前六或七位數。③

即使在清醒夢裡，做夢者也經常沒有注意到去世的親人或久違的朋友，他們的樣子有什麼不尋常的地方。如同一位做夢者在一封電子郵件裡告訴我的那樣：「當然，在我醒來之後，我意識到自己和已經去世七年的妹妹說話。在夢裡，儘管——我控制了其他方面——但我從未想到她已經過世。我完全忘記了。」

雖然清醒夢通常很強烈又生動，但它們也很難從短期記憶移到長期記憶。除非做夢者仔細地記錄下夢境細節，否則隨著時間的流逝，他們的經歷將變得更加難以回憶，而在清醒世界裡卻不會如此。

·時間感·

在拉柏奇的實驗室裡，清醒夢者成功地進入夢境，達到夢中清醒，然後執行各種數數任務。透過數數的同時一邊轉動眼球，做夢者能夠在夢中世界傳達出他們對時間流逝的感知。

許多人為了要解釋為什麼夢消失得這麼快，或者為什麼夢似乎可以持續很長一段時間，認為夢境是在高速的狀態下發生。但是，拉柏奇的計時實驗顯示出，夢境時間的流逝速度和清醒時的速度大致相同——至少在清醒夢的情況是這樣。

·清醒世界的意識·

做夢者並不會完全脫離真實世界。幾乎我們所有人都曾在某個時刻，經歷過清醒世界的事件融入到夢境中：

- 鬧鐘設定的音樂變成夢中表演者演奏的歌曲。
- 在我們的夢裡，清醒世界的電話鈴聲聽起來低沉而遙遠，就像從隔壁房間傳過來的。

● 如果配偶、伴侶或室友呼喚你的名字，你可能會在夢裡聽見（而且可能以各種方式，把那個人或訊息帶入夢境之中）。

清醒夢者也可以自由地將來自現實世界中的刺激融入他們的夢中。這一事實既有助於清醒夢的研究，卻也讓研究複雜化。

做清醒夢最主要的障礙之一，就是做夢者傾向否認自己處於做夢狀態，接受夢中的事件，不論它們有多麼不可能或異乎尋常，就像在清醒世界中一樣。

但是，如果睡眠者在清醒世界的電腦監控下，可以在快速動眼期睡眠開始時接收到一個巧妙的信號呢？如果是這樣，接收這樣的信號是否可以幫助做夢者更快更輕易地達到夢中清醒呢？

拉柏奇和他的團隊最終開發出一系列專用的眼罩。當眼罩裡的感應器偵測到快速動眼期開始時，在做夢者眼睛上方的燈光會開始忽明忽暗。研究者認為做夢者會感覺到閃爍的光線，記住自己已經睡著了，並且在夢中達到意識清醒。

在許多案例中，發光的眼罩效果很好。但實驗對象也提到在使用時遇到的特殊挑戰：信號經常被混入夢境之中。例如閃爍的光線變成煙火，或是絢爛的日落。結果，做夢者無法辨認出提示，也無法做到在夢中保持清醒。

·個人道德的堅持·

拉柏奇的志願受試者描述，儘管這麼做是出於科學利益的考量，他們在清醒夢裡也很難去想像或執行不道德的任務。

我在追求清醒夢時也經歷過這種情況。在清醒世界，忠於生活伴侶對我來說非常重要。事實上，我竭盡所能去避免任何可能被視為不尊重我們關係的行為。

當我達到夢中清醒時，我自然會對實現某些幻想的可能性感到好奇。但是，一次又一次地，即使出現了機會，我也會拒絕，對著夢中情人解釋我已經有另一半，我死會了。

拉柏奇的研究，加上我自己的經驗，顯示了我們深層的個人道德往往會延續到夢境之中。

與靈性的聯繫

不管是由拉柏奇還是其他人所發表的文獻中，你會發現清醒夢是高度靈性層面的事件。

這種與強烈的心靈連結也許不能用純粹的神祕術語來表達，但它帶來的影響是無可否認的。做夢者多次將清醒夢描述成快樂、卓越或是顛覆性的。

有些人更說，他們感覺到與夢境和醒來後的現實，有著更大的聯繫和一致。在清醒夢裡經歷的「亢奮」常常延續到清醒世界，讓清醒夢者在一整天裡都感到更快樂、更滿足，也更有自信。

這種效果導致許多提倡者和作家將清醒夢和靈魂出竅體驗到的薩滿（shamanism）經驗連結在一起。雖然你不一定對利用清醒夢作為與精神領域的連結這件事感興趣，但知道其他人經常做出這樣的連結，可以讓你為清醒夢帶來的強烈情感和心理影響做好準備。

夢中清醒的法則

雖然夢境違背了現實世界的規則和規定，拉柏奇和他的團隊已經證明了，在清醒夢的世界裡，確實是按照自己內部一致的規則在運行。

不穩定的文字，奇怪的時鐘，和壞掉的電燈開關。由於尚未確定的原因，文字（招牌、菜單、報紙標題、海報等等）和鐘錶在清醒夢裡很少是一致或可靠的。這種現象是如此普遍，乃至清醒夢者已經把它用來當作可靠的現實測試方法。現在就試試看：看著時鐘（甚至是本書的文字），掃視過去，然後再回頭看。時鐘顯示時間還是一樣嗎？這一頁的文字是否一致？如果是的話，你很有可能是醒著的。

電燈開關也可以用來測試現實。當它們在現實世界中可靠地運作時，在夢裡卻常常失效，或是者以奇怪或意外的方式運作。例如流出水來，或是在做夢者的手裡斷掉。

神奇的想像。在現實世界中，我們想像的事情通常不會在眼前確實且充分地實現。但是在清醒夢裡，想像的事情很難不發生。通常，當清醒夢者在腦海裡想像某些事情，夢境就會轉變為納入他們心裡的影像。

透過蓋住「夢中的眼睛」來「轉換頻道」。許多清醒夢者提到一種「轉換頻道」的能力，可以大大地改變夢境，或者從這個夢轉換到另一個夢——藉由把夢中的手蓋住夢中的眼睛。

在讀到這個技巧之前，我自己就先發現了。尤其是當我剛學做清醒夢的時候，我的清醒狀態會慢慢地「溜走」，我就會身陷其中，而不是控制住夢裡的一切。最後，我瞭解到，透過保護我夢中之眼不受干擾或意外事件的影響，就可以避免失去夢中清醒。如果出現了不受歡迎的人事物，只要蓋住我夢中的眼睛一會兒，就可以刪除這些打擾我的事物，並且提醒自己一切都在控制之中。

適應夢境暗示。清醒夢者經常會選擇夢境暗示——因為這些事件經常發生在夢裡，因此可以作為自己正在做夢的徵兆。

我自己的夢境暗示，包含了搭乘電梯（通常電梯會超大，或是發生某種故障），摩天大樓或塔樓，以及我自己也搞不懂的名人客串。當我遇到這些事物時，不管在夢裡或清醒世界，我總是會停下問自己：「我在做夢嗎？」

然而，某些志願受試者說，隨著時間的推移，他們適應了夢境暗示。有時候，做夢者由於未知的原因，不再辨識出公認的夢境暗示；其他時候，夢境暗示根本就沒出現。④

這種對夢境暗示最終的「脫敏」又是另一個要寫夢境日記的原因。隨著時間回顧夢境紀錄將會幫助你發現不斷發生的主題和重複的事件——這些都是夢境暗示的良好候選者。當你對某些提示變得不敏感後，你的夢境日記將為你提供辨認出新暗示所需的資訊。

夢中清醒是一種技能

也許從拉柏奇的研究中收集到最有用的見解就是，他驗證了做清醒夢是一種幾乎人人都可學的技能。

‧動機是一個因素‧

你有多想做清醒夢？你對這個問題最根本的答案，可能就是對你實現清醒夢的可能性的最佳預測。

拉柏奇很早就注意到，動機的強弱與清醒夢的成功機率有直接關係。在我自己的研究中，並且和許多其他清醒夢者一致，我也發現情況確實是這樣。我大學時期不太情願地追求清醒夢，我的確沒獲得什麼成果。多年後，當我對這些過程作做出長期承諾時，我就迅速地獲得成功。

·誘導技巧·

除了指出動機的影響之外，拉柏奇也記錄了一些誘發清醒夢極為有效的技巧：

現實測試。在本書其他部分有詳細介紹，為了要確定你處於清醒世界還是在睡夢中，事實檢查這種簡單測試被證明是誘導夢中清醒的有力工具。

提早醒來。由於某些還不清楚的原因，睡眠的最後九十分鐘是做清醒夢的黃金時段。為了要好好利用這段時間，拉柏奇和其他人開發了一種提早醒來，接著花三十到四十五分鐘保持清醒，然後再回去睡覺的做法。如果你能忍受這個簡單的做法的話，很有可能會誘發清醒夢。

記憶法。清醒夢記憶誘導法（MILD，the Mnemonic Induction of Lucid Dreams）是拉柏奇在早期研究時開發的一種策略，並且在個人的應用上取得極大的成功。此法的擁護者，每當他們從夢中醒來，都會停下來盡可能詳細地回憶剛剛夢裡發生的事情。當他們再度入睡時，會在腦海裡默念，「下次我做夢時，我會知道自己正在做夢。」最後，當他們漸漸睡著時，他們會故意想像自己看到了夢境暗示，並且辨識出清醒夢。

夢中清醒協會

拉柏奇的研究到今日依然在「夢中清醒協會」（The Lucidity Institute）持續進行。夢中清醒協會由拉柏奇建立，致力於清醒夢的提倡，教授多種做清醒夢的技巧，並且將清醒夢定位成一種有可能增進情緒健康與個人福祉的實踐。

在夢中清醒協會建立的早期，它們的努力包括了非常重視專用的軟體和硬體——目的在於讓清醒夢更容易實現的昂貴產品。前面提到的Dreamlight，Dreamlink，和NovaDreamer眼罩，以及其他一些用來提醒睡眠者快速動眼期睡眠開始的設備，都是為那些希望實現自己清醒夢的人提供的高科技解決方案。

但是，如今這些產品似乎都已經過時了。儘管這些和類似的設備（全新或二手的）仍有第三方供應商提供，作為一種學習策略，夢中清醒協會已經將自身與科技分隔開來。拉柏奇的新書向讀者保證，雖然這些設備有用，但它們絕非必要。現今的夢中清醒協會強調靜修和研習會（例如「做夢與覺醒：清醒夢和夢瑜伽的十天居家訓練計畫」）作為個人轉變的方法；該組織的網站（www.lucidity.com）成為一個社區中心，清醒夢者可以在其中參與論壇以及提供夢境紀錄，以供協會贊助的各種實驗利用。

何必尋求證據？

一般來說，擁有一個你自己的清醒夢，可能是向自己證明清醒夢存在的最好辦法。在這種情況下，許多人可能會覺得完全不需要一個正式的科學調查。「我已經做了一個清醒夢，」我們可以這麼說。「為什麼我還需要科學來證明我已經知道的是真的？」越來越多的證據顯示，夢中清醒狀態是客觀存在的。然而，客觀研究真正的好處，可能與證明夢中清醒無關，而是跟它的應用有關。研究清醒夢的實驗室努力的成果，可能提供了我們需要的見解：

- 讓清醒夢的技巧更容易學習；
- 進一步瞭解意識的本質；
- 更加瞭解我們的意識如何影響我們對現實的體驗；
- 利用清醒夢作為增進清醒世界中身心健康的方法。

本章概述

對某些人來說，永遠沒有足夠的證據可以證明清醒夢的存在。對其他人而言，證據是無關緊要的。他們的目的是要體驗夢中清醒，而不是證明它的存在。

但是逐漸地，「夢中清醒狀態」的存在，越來越成為一個事實而不是一種信念。即使儀器驗證了實驗對象睡著而且正在做夢，實驗室裡的清醒夢者也能一貫地記起指令，完成任務，並將反饋傳送回清醒世界。

此外，由於史蒂芬·拉柏奇等研究者的努力，控制夢中清醒狀態的獨特心理與生理法則正在經歷測試、繪製和驗證。

最後，從清醒夢的科學調查中獲得的最大好處，可能不是夢中清醒的「證明」。而是透過像夢中清醒協會這樣的組織，我們可以學到日常生活中的人們如何利用清醒夢的極大潛力來增進身心健康。

下一步該怎麼做？

如果你是那種需要在開始你自己的清醒夢調查之前，先對證據做個概括的讀者，那麼現在可能是再次翻閱前面章節的最佳時機，參加第二章睡眠的導覽之旅，或是完成清醒夢檢測表（第三章）。

如果你已經準備好追尋你的清醒夢，你應該繼續前往第五章。

---

① Robert Todd Carroll, The Skeptic's Dictionary, s.v. "lucid dreaming," http://skepdic.com/lucdream.html (accessed February 2, 2006).

② K.M.T. Hearne, "Lucid Dreams: An Electrophysiological and Psychological Study" (PhD diss., University of Liverpool, 1978).

③ Ceila Green, Lucid Dreaming: The Paradox of Consciousness during Sleep (New York: Routledge, 1994), 44.

④ Ibid., 20

第五章

睡魔先生，帶我入夢吧！

在本章，你將會學到：

· 在清醒世界找到一個「做夢夥伴」以及如何增強你對夢中清醒的追求。

· 冥想、自我肯定語和視覺化如何作為實現清醒夢的有效工具。

· 為什麼睡眠模式的小小改變，使得清醒夢更容易實現。

· 什麼樣的東西可以成為有效的「夢境象徵物（dream tokens）」，以及為什麼。

激發清醒夢

一旦你決定要體驗清醒夢，你有兩種選擇：

一、等待一個隨機的清醒夢發生。

二、開始練習一些讓你提高實現清醒夢機會的技巧。

如果你正在讀這本書，那你大概不是那種寧願守株待兔，等待好運幫你帶來清醒夢的人……因此本章提供了激發清醒夢的簡單技巧。其中，我將介紹對我和其他清醒夢者都有用的技巧。你不必全部採用（我就沒有），但若你確實採用每個方法，會大大提高你實現夢中清醒的機會。

做夢夥伴

一開始，你可能會以為做夢夥伴是一個只會出現在你夢裡的朋友。事實上，做夢夥伴是指你在清醒世界的朋友，對方也對清醒夢感興趣，並且和你一同參與這個計畫。和興趣相投的人分享你的目標、努力，還有你的成功經驗，就會讓你在學習達到夢中清醒的同時，獲得更多樂趣。

正如你可能已經從飲食控制或運動中得知的那樣，一個計畫越有趣，你就越有可能堅持下去。保持清醒夢的生活習慣六十天到九十天，對任何人來說都是一種挑戰。如果你的熱忱或投入程度開始下降，那麼做夢夥伴就可以鼓勵你堅持完成計畫。

伴侶、配偶和室友都是理想的做夢夥伴。首先，他們容易接近：你很有可能經常見到這些人。早餐時間是分享夢境和討論成果的好時機。最棒的是，和你關心的人一起追求清醒夢，可以讓這整個體驗變得更有意義。

沒有伴侶嗎？沒問題。一個親近的朋友也同樣可以。最好是一個不介意半夜你興奮地打電話告訴他：「我剛做了一個清醒夢！」的人。

肯定語

各種勵志計畫都會使用肯定語——堅定且肯定地陳述意圖——作為重整思維的一種方式。在每一餐之前，節食者可能會告訴自己：「我喜歡做出更健康的選擇。」有幹勁的業務主管可能會在他的浴室鏡子貼上一張紙條，上面寫著：我每年賺十二萬美元的佣金。一個希望能夠更加控制自己脾氣的人，可能固定會在每天早上緩慢而嚴肅地說出：「我會放慢腳步，深呼吸，然後再採取行動。」

肯定語充分利用了我們的思維有極大的潛力來決定我們的行為。還有我們的生活。它們是轉移注意力和改變行為的強大工具。當你在追求清醒夢時，會發現有三種有效的肯定語。

積極式肯定語

積極式肯定語是大膽的聲明，目的在加強你實現清醒夢的意圖。使用積極式肯定語時，你應該：

- 說話緩慢而清晰；
- 大聲地說出你的主張；
- 以肯定的方式表達你的主張，就像你的願望已經成為現實；
- 散發出信心；
- 使用簡短，簡單的陳述表達你的意圖；

- 一次又一次地說出相同的主張；
- 如果可以的話，面對鏡子說出你的主張。

對清醒夢者來說，良好的肯定語包括——

- 我期待成為一個清醒夢者。
- 當我做夢時，我知道自己正在做夢。
- 我掌控自己的夢。
- 我記得自己的夢。
- 我期待下一個清醒夢。

如果你把這些肯定語印出來，把它們貼在浴室的鏡子、後照鏡（當然以不會擋住視線為原則）、化妝鏡、筆電上蓋、鑰匙圈，或是你的iPod背面……任何你會在一天當中看到好幾次的地方。

如果你使用電腦，你可以把肯定語設成桌布或螢幕保護程式。如果你的手機可以自訂桌布，你也可以放在那。如果你旁邊沒有人，當你看到肯定語時，就大聲唸出來。

當你開始運用肯定語時，你可能會覺得，對世界宣告你的意圖有點奇怪。但是，大聲說出你的主張是有充分理由的——所有這些都和每個人擁有的一種卓越能力有關：聯想的力量。

首先，當你在複誦清醒夢的肯定語時，透過採取自信的姿勢和語氣，你的身體學會將清醒夢的概念和自信的感覺連結在一起。你越是經常強化這種自信，以及與清醒夢的連結，它就會變得更強烈。最終會致使你對做清醒夢的自信增加。當你做清醒夢時，那種自信的感覺就會回來。

除此之外，大聲說出你的主張可以消除恐懼和疑慮。肯定語的目的就是向你的潛意識發送一個明確的訊息：我是一個清醒夢者。如果你喃喃自語，小聲地說，或者嘀嘀咕咕，又會向潛意識傳達什麼訊息？如果你覺得大聲說出你的主張很尷尬或者不自在，你的身體又會做出什麼樣的連結？

冥想式肯定語

尤其是和積極式肯定語一同使用時，冥想式肯定語會成為你極為強大的清醒夢工具。當你的思緒放鬆，思路敞開時，冥想式肯定語會再三出現，輕易地跨越你的意識和潛意識之間的屏障。

你可以輕鬆地將積極式肯定語調整為冥想式肯定語。下面是簡單，逐步說明的方法，利用冥想式肯定語來提高你做清醒夢的潛力：

- 每天安排十到十五分鐘來進行冥想練習。如果可以的話，安排在固定的時間。通常，為免在冥想時不小心睡著，你應該避免排在剛起床或睡覺前。以我們的目的來說，尤其是如果冥想讓你放鬆，或使你昏昏欲睡，安排在睡前冥想也是可以的。
- 選擇一個舒適而僻靜的地方進行冥想。如果坐在地上讓你的背不舒服，那就靠著床腳坐（或坐在舒適的椅子上）。如果你和其他可能會在無意間使你分心的人住在一起，請提醒他們注意你的日常慣例，並且要求在冥想結束前，不接電話或其他干擾。（你也可以放置標示——例如在門把上掛上流蘇——提醒其他人你正在進行冥想。）如果你找不到安靜的空間，試著用電風扇，桌上型噴泉或耳機來掩蓋分散注意力的噪音。
- 從放鬆開始。在剛開始的幾分鐘裡，只要閉上眼睛並且注意（但不要試圖調節）你的呼吸。當你的呼吸和脈搏開始變慢時，你可能會想使用一些冥想技巧來使自己更加放鬆。例如，你可以想像吸入一團白色的光，直到你的身體充滿能量。或者，你可以想像一道柔和的白色光芒，從你的頭頂降下，蔓延到你的身體，一直到你的腳底。隨著光線的前進，讓它接觸到的肌肉放鬆並且變柔軟。

● 當你完全放鬆時，想起一個清醒夢的肯定語。當你的思緒靜止，變得易於接受訊息時，看看投射在你眼皮內側的肯定語。這個時候，有些人會輕柔地「大聲思考」；其他人則偏好看著它，但不在心裡唸出聲。

● 隨著你的呼吸來強調肯定語。吸氣時，想著或看著前半部分，吐氣時，想著或看著後半部分。

● 結束冥想。放下肯定語。此時頭腦清晰，對一切事物敞開心胸。決心對此感到興奮也與之和平共處。把注意力集中在你的呼吸幾分鐘後，慢慢睜開眼睛，恢復清醒。

當你運用積極式和冥想式肯定語時，要記住過程應該是積極而溫和的。還記得老影集《歡樂單身派對》（*Seinfeld*）某一集裡，想要得到平靜心靈的人，衝來衝去大叫「現在平靜！」嗎？用肯定語來過分要求自己（或者用苛求式肯定語，例如「我會作一個清醒夢！」或「我一定要成為一個清醒夢者！」）只會阻礙你進步。

祈禱

禱告可能已經成為你日常生活中的一部分（事實上，有些人認為禱告是高度程式化的肯定語）。如果你的確會禱告，特別是如果你習慣將希望和志向帶入祈禱中，你應該考慮祈禱清醒夢實現。

透過禱告提出的請求，保持簡單扼要最有效。當你對著合乎你宗教傳統的更高層次力量祈禱時，請提到你希望開始實現清醒夢的願望。跟使用肯定語時一樣，你應該避免提出要求。而是簡單的一句「我對做清醒夢感到興奮，我相信您會幫助我實現目標。」就可以了。

尤其是如果你在睡前禱告，你可能會覺得祈禱做清醒夢是一種令人放鬆卻有力的方式，能夠提高實現清醒夢的可能性。當你做了第一個清醒夢之後，一定要記得做感謝和慶祝的禱告！

要始終如一

雖然我真的聽過，有人在做了短短一天的肯定語之後就實現了他們的第一個清醒夢，但這種立即見效的情況是很罕見的。成功導向的人很難理解，與潛意識溝通需要投入大量的時間和紀律。你可能聲明你的意圖三十天、六十天，或甚至九十天後也沒有得到結果。

當然，關鍵就是保持一致。你不是在比賽，並沒有「僅僅嘗試四天之後就實現第一個清醒夢」的獎品或優異獎項。然而，如果你建立起自己的肯定語慣例，並且堅持下去，你將大幅提升實現清醒夢的機率。

形象化

形象化基本上就是終極版的白日夢：描繪目標實現的生動心靈電影。運動教練經常利用形象化作為指導工具。壘球教練經常告訴苦心練習的球員，在你的腦海裡想像「看到球棒，就瞄準球打」。

就像舞者常說的心靈彩排：透過內心之眼，看到一場完美的演出。業務員也很常在敲開一扇門之前，在腦海裡一絲不苟地預演一場成功的電話銷售。

在我作為培訓師、演說家和作家的職業生涯中，我廣泛運用了形象化的強大力量。在教授一門課之前，我在腦海裡——從開始到結束——講課至少兩次。我沒辦法告訴你，這樣的過程有多常讓我發現有問題的教材，讓我改善設計的活動，改進範例。我的虛擬學生經常會以一些問題和回答讓我大吃一驚，他們提出的這些問題和答案，都預告了真實學生稍後會提出的。在腦海裡教課或彩排演講，讓我對資料更放心，真正上場時也更有自信。

你可以隨時隨地召喚形象化的強大力量：在飛機上、等候室、長途車陣中……任何可以專注於內心的機會。只要一點時間，想像力，還有練習，你就可以創造出栩栩如生的心靈電影——包括激動人心的音樂和昂貴的特效——讓你預見自己的成功。

當你將形象化融入到追求清醒夢時，只要投入一點時間和努力，就可以獲得驚人的進展。以下是一些技巧：

- 想像你正準備睡覺。仔細想著你的睡前慣例：淋浴、刷牙、梳頭髮之類隨便什麼事。鑽進被窩，想像你閉上眼睛，漸漸入睡。想著你開始做清醒夢，臉上浮出一抹微笑。
- 想像你在做清醒夢。試像你的夢境：在海灘上、教室裡、辦公室……任何地方。想像你注意到一個不對勁的小細節，透露出你周圍的世界並不是平常現實的一個夢境暗示（也許是貝殼像手機一樣響起鈴聲，或是牆壁上的海報內容，每次看到的都不一樣）。感受一下你發現自己在做夢的興奮感。接著，選一件你想在清醒夢裡體驗的事情：或許是飛翔，或者拜訪一位已經去世的朋友或家人。想像你召喚這樣的體驗，發生體驗，並享受你實現目標的滿足感。

- 想像你興奮地告訴朋友你的清醒夢經歷。詳細敘述你的清醒夢。分享你的興奮與滿足之情，讓朋友對你投以感興趣甚至是忌妒的眼光。假裝你跟朋友談話時，他們突然變成別人——這是你正在做夢的明確徵兆。好好利用這一刻，召喚你最喜歡的清醒夢場景，並且盡情發揮。

有些人喜歡引導式的形象化：詳細想像出他人朗讀或描述的內容。如果你喜歡引導式形象化，可以隨時寫下你希望想像的內容，錄起來，然後在電腦、隨身聽或 iPod 上播放。

我在追求第一個清醒夢時，大量運用了形象化。如果你覺得想出自己的形象化場景有點困難，你可以隨時改編我的。你也可以考慮唸出下面這一段內容，把它當作引導式的形象化：

已經很晚了，在經過漫長而有效率的一天後，我準備要上床睡覺。我很期待躺在床上。我喜歡被子涼爽柔軟的觸感。我期待著睡覺。

房間很安靜，燈光昏暗，我感覺睡意漸濃。我爬上床，只花了幾秒就躺好最喜歡的位置。我感到非常安全又放鬆。我的思緒平靜而清晰。幾乎在我意識到之前，我的眼睛已經闔上，呼吸漸慢。幾秒鐘後，我就睡著了。

我的睡眠深沉而寧靜。慢慢地，我從深度睡眠中升起，向上飄移，就像水中的氣泡。我感覺自己正慢慢進入快速動眼期睡眠。當我開始做夢，我看到自己的眼皮來回動來動去。透過我的夢中之眼，我可以看見一個陽光普照的寧靜花園。涼爽的微風中瀰漫著常綠樹的清香。我聽見頭頂的鳥兒和遠處的噴泉。小徑往四面八方延伸。

一隻蝴蝶輕輕地停在我的手上。當我看著它時，它翅膀上的圖案從紅色和黃色的菱形變成藍色和橘色的星形。我馬上就意識到，我從未看過這種蝴蝶，我懷疑我在做夢。

蝴蝶升起，飛向天空。我確信自己正在做夢，抬頭仰望天空並試圖跟著它。慢慢地，我的腳離開地面。我睜開眼睛，像氣氣球一樣飄向天空。我非常高興地發現，只要想著想去的地方，我就能把自己帶往任何方向。現在我知道，我在一個夢裡，我完全控制了這個不可思議的世界。

今晚，我決定拜訪童年時期的家。即使我記得所有細節——家裡附近、街道、門口、我的臥室——它們依然在我周圍消失。我飄下到地板，站在房間中央。我花了幾分鐘的時間探索房間，重新發現過去的回憶。

當我準備要離開時，我釋放了房間，它變成了一團霧。我從霧氣中升起，非常開心自己能做一個清醒夢。我在自己的床上醒來，變得精力充沛，神清氣爽。當我起床後，整天都充滿著成就感和自信。

和肯定語一樣，形象化對你的潛意識發送了強而有力的訊息，清楚說明了你的願望，詳細解釋了你的目標。身為一個有潛力的清醒夢者，你又有一個運用形象化的好理由：它們讓你廣泛練習創造和控制心靈意象！當你越來越習慣創作和指導你的形象化時，你就建立起生動的內心影像和持續的意識控制之間的連結。

停機時間

停機時間就如同這個名稱所暗示的：刻意把時間空下來什麼事也不做。停機時間的目的是讓你的身心擺脫一整天的煩惱。這時候應該把燈光調暗，播放冥想音樂。電視、手機、通訊設備和電腦應該通通關掉。手機裡的行事曆以及其他提醒你生活中激烈競爭的東西都應該被收起來。

利用這段時間來冥想是一個好主意。但是別誤會我的意思：你的停機時間不一定要無所事事坐在椅子上。你可以讀一本撫慰人心的書（不要驚悚小說，但是讀聖經，勵志讀物或休閒書籍都很好）。你可以聽聽平靜的音樂，也可以做剪貼簿，或是你經常說的要整理相片放進相簿，或是翻翻旅遊雜誌。你可以泡個熱水澡，又或是品嘗一點小零食。

一旦你將停機時間納入生活，就會極力想把它留在你的生活裡，它所造成的影響就是這麼大。除了睡得更香，做夢更生動之外，你還會享受留意「停機時間的放縱」，像是香薰蠟燭、療癒心靈的音樂，又或是一罐精緻的浴鹽。半小時的停機時間會大幅改善你的睡眠和做夢品質。

夢境咒語

咒語就是用來幫助冥想的簡短詞語，可以大聲唸出來或是在腦海裡表達。大多數人隨著呼吸的節奏重複咒語。多年來，我一直用下面的方法：

- （吸氣時）「我……」
- （吐氣時）「……很放鬆。」

作為你探索清醒夢的一部分，你可能會希望將夢境咒語融入到自然入睡的過程中。只要躺在床上，調整好舒適的姿勢，理清思緒，閉上眼睛，然後試著在漸漸入睡時，重複下列夢境咒語。（請記住，大部分的夢境咒語事實上都是「在心裡」默想，而非真的唸出聲。）調整夢境咒語和你的呼吸一致，吸氣時重複前半段，吐氣時重複半段。

- 我喜歡……清醒夢。
- 當我做夢時……我會知道自己在做夢。
- 我控制……自己的夢。
- 我是……清醒夢者。
- 當出乎意料的事發生時……我知道自己在做夢。

當你睡著時，咒語湧入內心，直接與潛意識溝通。儘管你可以隨意想出自己的清醒夢咒語，但請確保咒語是溫和而積極的。和肯定語一樣，命令型的咒語（「我一定要做清醒夢！」）很快就會變得充滿壓力而不是讓人平靜。

夢境冥想

另一種為睡眠做準備的方法就是進行夢境冥想。夢境冥想就像是在冥想狀態下產生的夢境形象化。

要進行夢境冥想，請關掉電燈，在床上伸展，然後閉上眼睛。跟著你的呼吸，理清思緒，把注意力集中在吸氣和吐氣這件簡單的事情上。

當你注意到呼吸開始變慢時，思索一下當你做清醒夢時，你將體驗到的自信和成就感。為了讓冥想盡可能有效：

- 把注意力集中在你所感受到的情緒。
- 維持情緒狀態至少十到二十次呼吸週期。
- 如果你變得困倦，就順其自然睡去。
- 不要試圖創造夢境的詳細心靈形象。
- 如果你的注意力不集中，不要苛責自己。慢慢地回到你的焦點。
- 如果你很快就進入夢境，不要太驚訝。

這種冥想產生的自信和成就感，將會伴隨你入睡。

新的睡眠模式

為了健康睡眠做好準備，你可以透過對整體睡眠模式進行一些微小但極為有效的改變，來大幅提升實現夢中清醒的機會。

在開始前，花點時間回答下列問題，以描繪出你目前的睡眠模式：

- 你每天通常幾點起床？
- 大多數情況下，你是自然醒或被鬧鐘叫醒？
- 白天時，你有多常小睡片刻？
- 如果你小睡，通常會睡多久？
- 你每天通常幾點去睡覺？
- 你每晚睡幾個小時？
- 你在周末或「休息日」的睡眠模式有何不同？

獲得健康睡眠

我們不厭其煩地強調，每晚七到八小時的睡眠是健康睡眠的最低標準。睡眠不足的人並沒有發揮他們最大的潛能，而且也很難在夢中保持清醒。透過改變睡眠模式來獲得更多睡眠，你將有更多機會體驗清醒夢。

對大多數人來說，獲得充足睡眠是當務之急。就像我們找時間去做真正在乎的事，見真正關心的人一樣，尤其如果做清醒夢是你的優先事項，我們可以抽出時間好好睡一覺。如果你難以將每晚七到八小時的睡眠排進日程表，請考慮以下幾種策略：

減少一兩個小時的電視時間。有時間看一些無聊的電視，不如拿那個時間好好睡一覺。為了減少你在電視機前的時間，使用 Tivo 或錄放影機的快轉功能來跳過廣告。考慮一下，把每晚看電視的時間限制在九十分鐘。除了讓你有更多時間睡覺之外，限制電視觀看時間還可以快速建立出一個隨時可看的節目庫（而不是在電視時間轉來轉去，什麼也沒看到）。

比平常提早一小時結束社交活動。如果做清醒夢是你的首要任務，你可能會想減少與朋友和家人的深夜活動。養成比平常提早一小時結束夜晚活動的習慣，是收回六十分鐘寶貴睡眠時間的簡單方法。

當朋友取笑你快變成隱士時，誠實告訴他們你正在努力培養做清醒夢的能力，而這需要充足的睡眠。

挪動工作時間。有鑒於我們現在吃飯都吃這麼快，你真的需要一小時的午休時間嗎？買個三明治回辦公室（或是在附近餐廳用餐），把午休時間縮短到半小時，請老闆讓你晚半小時上班（或是提早半小時下班）。這麼一來，你就能爭取三十分鐘寶貴的睡眠時間。

在家吃一頓輕便、快速的晚餐。除了透過避免過量的晚餐來改善睡眠品質之外，晚上在家裡吃一頓輕便快速的晚餐也省去了上餐廳、等位子、點餐，等待餐點，然後又回家的時間。一個三明治和袋裝沙拉或一碗湯只需要花二十分鐘準備和享用；相較之下，晚上出去吃，很容易就吃掉你一晚的三個小時！

留意壓縮日程表的機會。從家裡到公司的通勤時間很長嗎？你想要搬到離公司近一點的地方多久了？如果搬家不可能，你要如何向你的雇主推銷「在家工作」可能有哪些優點呢？

在你的一整天中，尋找其他方法來擠出時間。透過一次完成所有差事來減少交通時間。研究讓你不用去學校接孩子的乘車共享計畫。為自己設定一個查看電子郵件和上網的時間限制……並且堅持下去！

減少熬夜。許多夜貓子習慣把工作或休閒時間推遲到深夜。當然這不無道理。其他大部分的人都在睡覺，能讓你分心的事就變少了。但與其放棄睡眠，不如研究能夠減少打擾又不用強迫自己熬夜的方法。

當你工作時，在門把上掛一個「請勿打擾」的標示。讓朋友和家人習慣你在特定時段工作，並且在這段時間內拒接電話、電子郵件或即時訊息來約束自己。只需一點自我管理，你應該就能安排足夠的工作和睡眠時間。

執行一週日程表分析。許多人工作過度、休息不足。尤其是如果你不只做一份工作，或是還要顧小孩，那麼你很有可能就有上述情況。不過，分析個人的一週日程表，也許可以收回每天一小時的額外睡眠時間，以下是一些方法：

買一個可以隨身攜帶的筆記本。每天至少兩次，空出夠長的時間，以三十分鐘為一個單位，記下自己如何利用時間（一個單位不要低於三十分鐘。那樣做的人很少完成這個練習）。

在週末時，檢視你的筆記。經過一週的觀察，你可能會發現，看電視所花掉的時間比你想像的還要長，或許你會發現，那些默默耗費整天的活動需要減少。

記住：你可以投入在健康睡眠的每一分鐘，都可以用來創造充滿活力的幻想世界！

小睡

睡眠專家過去並不贊成每天小睡片刻，但隨著我們越來越了解睡眠的本質，對於此說法的態度正在改變。雖然長時間的小睡會擾亂你的睡眠模式，然而將小睡融入你的日程表，卻可以讓你恢復精力，並改善你實現清醒夢的機會。

你可以在每天特定的時段盡量小睡，將其發揮最大功效。許多人發現在午餐後小睡個十五分鐘，有助於消除吃了一頓豐盛午餐而引起的昏沉感；其他人則喜歡利用午睡來擺脫讓他們變得懶洋洋和疲憊的「午後呆滯」。

有效小睡的關鍵是什麼？答案就是定時。如果小睡使你感到昏沉，那就是時間太長，長到讓你進入更深的睡眠階段。你可以透過設定手錶或鬧鐘在十五到二十分鐘後叫醒你，來避免這種睡太久的情況發生。

你也可以嘗試本書前面提到的方法：坐在椅子上睡覺，用大拇指和食指夾住一支筆。當你漸漸入睡時——這個過程需要十到十五分鐘——你的手指就會放鬆，導致你放掉那支筆。一旦它掉到地板上，你就會醒過來。

最棒的是，對做清醒夢來說，小睡時間就是黃金時間。當你習慣小睡之後，你會發現將影像從清醒的思想帶入夢境的過程越來越容易。而且因為你很快就會醒來，當你醒來時，你就更有可能憶起自己的夢——不管是清醒夢或其他的夢。

所以，關上辦公室的門，關掉手機，告訴你的孩子給你二十分鐘的清靜……透過在日常生活中小睡片刻來激發你的清醒夢。

提早醒來

當我第一次提到，比平時早點醒來是激發清醒夢的一種方法，人們通常會皺眉。「且慢，你剛剛半小時都在勸我多睡一點。現在你又希望我早起！我怎麼可能同時做到？」

當我提到，提早起來是一種鼓勵和激發清醒夢的方法，我並不是在說早早起床。我反而是在建議你：

- 比平常早一小時或九十分鐘醒來。
- 保持清醒十五分鐘左右。
- 回去睡覺，然後按照你平常的時間起床。

原因如下：幾乎每個把提早醒來納入睡眠模式的人都說，他們在最後一小時的睡眠中做了生動且容易回想的夢。更棒的是，許多清醒夢者告訴我，比起在其他夢裡，他們在這些夢中更容易實現夢中清醒。

我是偶然發現這種效果的。我的伴侶克萊德是會盡力早起的人。一旦克萊德醒來，他就會起床，他不是那種長輩口中所說的「賴床鬼」。

通常我比克萊德需要更多的睡眠，所以我留在床上多睡三十到四十五分鐘。克萊德早起下床時會吵醒我，但十到十五分鐘後，我又倒頭大睡。接下來的半小時左右，充滿了生動的快速動眼期睡眠。醒來後，我通常會記得兩三個簡短而不同的夢。

在我第一次嘗試清醒夢的過程中，我發現控制夢境的環境和內容會更容易成功。當我逐漸入睡時，我在腦海裡想著一個地方或一個人的影像。常常，那個地方就成了夢境的場景，那個人也會出現在夢裡。

雖然這個方法對於激發清醒夢和增強夢境回憶非常有效，但並非每個人都適用。如果你醒來後很難再入睡，或是這個過程讓你感到昏沉或疲倦，那麼就不必強迫自己提早醒來。

如果你對於提早醒來是達到夢中清醒的捷徑這件事感到好奇，請記住以下技巧：

一、**找出適合你自己的清醒時間長短**。許多清醒夢者發現，提早醒來並且保持清醒一小時或更久（寫作、記錄夢境日記、回信或看電視），然後再次入睡，大大提高了他們達到夢中清醒的能力。其他人（例如我）發現，較短的清醒時間效果最好。兩者都嘗試，看看哪個對你最有效。

二、**考慮使用有兩種不同警示音的鬧鐘**。尤其是當你醒來不久後就要去上班，你不會想讓自己習慣忽略鬧鐘睡過頭的！買一個有兩種設定的鬧鐘。很多鬧鐘都可以讓你自己更改警示音——例如，第一個鬧鐘設定成廣播，第二個設成一般的鬧鐘聲。時間久了，你就可以訓練自己在剛好的時間醒來按掉第一個鬧鐘，並在聽到第二個鬧鐘時「快速醒來」。

三、**貪睡設定**。大部分鬧鐘都有貪睡功能，允許使用者在預設時間內暫時關閉鬧鐘。時間到了，鬧鐘會再次響起。有些鬧鐘還可以設定貪睡時間的長短。為了激發清醒夢，請找一個可以設定至少三十分鐘貪睡時間的鬧鐘。

四、**試試看靜音鬧鐘**。你的睡眠伴侶可能不像你一樣熱衷於早點醒來！如果是這樣，你一樣可以透過靜音鬧鐘嘗試這個方法：一隻震動而不是發出警示聲響的手錶。有了靜音鬧鐘，你就可以提早醒來也不會吵醒你的伴侶。

和緩地清醒

如果你不喜歡提早醒來，你可能會想在你的睡眠模式加入我最喜歡的替代方案：慢慢甦醒。

我這一輩子都討厭鬧鐘。蜂鳴器……鈴聲……警報器……響亮的音樂：這些警示音都把我吵醒，導致我幾分鐘後變得頭昏眼花，緊張不安。我認為，用聲音攻擊來開始一天是很糟糕的方式。

我也發現一早就受到「驚嚇」並不利於我回想自己的夢境。因為就在我們醒來前，我們正經歷最長的快速動眼期睡眠，所以鬧鐘把我們從夢中叫醒的情形並不少見。然而對我來說，被驚醒會讓我的夢碎裂消失。當我使用鬧鐘時，通常會帶著夢境碎片而不是詳細，全面的夢境故事醒來。

作為替代那些可怕的嗶嗶聲和蜂鳴器的絕佳選項，試試結合CD或MP3播放器的鬧鐘。除了可以在特定時間播放特定曲目之外（我選擇風鈴和海浪的錄音），許多這一類的鬧鐘都可以設定在幾分鐘之內緩慢而穩定地增加音量。到了指定的時間，你設定的音樂或訊息就會慢慢地變大聲。

當我提到這個選項時，有些人總是會說：「輕柔的海浪？風鈴？輕音樂？聽這些聲音我永遠不會醒過來！」相信我，隨著音量增加，你會醒來的。

這個技巧的另一個好處，就是你的大腦會將你選擇的警示音融入你的夢境。當我聽到海浪的聲音醒來時，我發現自己經常夢到海灘。當我聽到最喜歡的歌曲醒來時，我發現它就在夢裡的收音機播裡放。

漸漸地，我把海浪聲或最喜歡的歌曲認定為夢境暗示——一個我還在睡覺和做夢的指標。因為我已經把鬧鐘設定為在幾分鐘內，非常非常慢地增加音量，所以我可以辨認出夢境暗示，在夢裡醒來，並且享受幾分鐘的夢中清醒，直到我的鬧鐘變得夠大聲把我叫醒為止。

由於電腦讓錄製和燒錄你自己的音軌變得前所未有地容易，你可以進一步利用這項技術，把你自己的夢境肯定語做為警示訊號！

錄起你的肯定語，燒錄成CD或是轉換成MP3，將相容的音軌載到你的鬧鐘。當鬧鐘逐漸變得大聲時，你的肯定語很可能會促使你意識到你正在做夢！

如果聲音警示——甚至是那種慢慢增加音量的警示——對你沒效，你可以考慮購買使用光線而非聲音的鬧鐘。結合閃爍光線（或是閃光燈亮起和暗掉）的鬧鐘很好找，但如果考慮到和緩地清醒，你可能會偏好購買有「日出警示」或「黎明模擬器」之中的一種，它會從微弱的光芒慢慢變成更亮的燈光。

夢境象徵物

夢境象徵物，例如藝術品、珍貴物品，或是有個人意義物品的精心收藏等，可以用來吸引清醒夢進入你的睡眠世界，這個方法既有創意又讓人充滿成就感。

近年來，意念的力量已經受到廣泛討論。各種大師指導他們的追隨者不僅要定義他們想要的東西，而且要以某種具體的方式來表達他們的渴望。例如，找到他們希望購買的車子照片，並將其裱框。而風水這種和諧擺設的藝術，也鼓勵我們把照片、雕塑、噴泉、燈光……這類有意義的物品擺在會影響生活重大面向的位置上來增強自我力量。

作為代表你清醒夢目標的有形物品，夢境象徵物也可以達到類似的目的。像肯定語一樣，這種視覺暗示型的夢境象徵物，有助於達到夢中清醒的目的，它可以是自製或機械製造的，私人的或買來的。夢境象徵物的力量不在於它的來源，而在於它能夠反映並且提醒你最終目的的能力。

除了促使你想起清醒夢之外，夢境象徵物還可以向世界宣告那些目標。創造或選擇一個夢境象徵物可以將你的意圖轉換成實物的形態。把夢境象徵物放在你的床邊是聰明的行為，反映出你意圖達到夢中清醒的認真程度。

你的夢境象徵物可以是一張照片、一本心愛的書、一本特別的夢境日記，一座小雕像、一塊水晶或一朵花。也可以是一封你寫給自己的信，等到你做了第一個清醒夢時才打開。也可能是你把它與夢和做夢聯想在一起的物品：一個美國原住民的捕夢網或是一盞夜燈。

不同的人會被不同類型的夢境象徵物吸引；只有你自己知道哪個夢境象徵物適合你。有些人一聽到夢境象徵物的概念時，他們馬上就知道自己的夢境象徵物會是什麼。其他人則在選擇的過程中投入大量思考。你可以考慮的一些點子包括：

拼貼藝術。當我提到拼貼畫作為夢境象徵物的一種方法時，許多人都想到花上好幾個小時製作出廣告板大小的藝術品。如果你被戲劇化的自我表達所吸引，廣告板大小的拼貼畫當然也沒問題。不過，就創造夢境象徵物來說，任何尺寸的拼貼畫都一樣有效。

對我來說，使用拼貼畫作為一種夢境象徵物的吸引力就在於製造藝術的實際過程。首先，在目錄，雜誌，和舊明信片中尋找類似夢境的圖像是一個樂趣。接著是帶來極大滿足感的修剪工作，然後是把找到的這些元素排列在一張紙板上的實驗過程。

製作拼貼畫需要相當程度的專注，這個動作本身就可以變成一種為冥想。當這些碎片黏在一起時，你將體驗到一種成就感和滿足感，而你和在商店裡買來的夢境象徵物不一定總是可以產生這種連結。你將創造出一個獨一無二的作品，反映出你的意志，最重要的是，這是你獨有的意志。

如果你的朋友或家人對清醒夢感到興趣，結合他們目標設計的拼貼藝術夢境象徵物，可以作為一個完美又個性化的手工禮物。

珍貴物品。有些人就算擁有大把時間和雜誌，也有鋒利的剪刀和充足的膠水，也只會搞得一團亂。如果拼貼藝術不適合你，或者你沒有時間製作，不要失望；你可以把珍貴物品當作你的夢境象徵物。

一個珍貴物品是對你有特殊意義的任何物品。可能是一塊牌匾或是獎項。也可能是你在海邊找到的一顆石頭。或是讓你小時候感到安慰的明亮黃色笑臉小夜燈。可能是你的父親在睡前讀給你聽的一本書。家族百衲被，填充娃娃，香氛蠟燭——任何或所有這些東西，不論他們價格為何，都可能被視為珍貴物品。

珊卓在她的床頭櫃上放了一個塑膠材質的艾菲爾鐵塔。

我一生都夢想著要去巴黎。我存錢存了五年。然後，這一天終於到來。我登上飛機，花了兩個星期在這座城市裡閒逛。在我旅行的最後一天，我坐在一張灑滿陽光的長椅上，凝視著艾菲爾鐵塔，吃著從街頭小販買來的巧克力可頌麵包。

我從來沒有這麼快樂過。那次旅行告訴我，如果我真的下定決心，我可以做任何事情。對我來說，這個便宜的旅遊小飾品——我想我花了一美元買的——讓我重溫了在巴黎（Paris）度假的所有魔力。我一聽到夢境象徵物，我就知道我可以利用艾菲爾鐵塔來實現其它的夢——包含我的清醒夢。

一個珍貴物品可以在每晚強力地提醒你做清醒夢的意圖。珊卓立刻就知道她想用哪個物品……但如果你沒有特別想到什麼東西，你依有許多其它選擇，包含使用塔羅牌（Tarot cards）。

塔羅牌。老實說吧，它現在已經不再只是用來算命了。除了成為美國發展最快的自助療法之外。塔羅牌也被用來當作腦力激盪的工具，創意提示，以及設想和實現個人目標的強力工具。

塔羅牌能夠引人聯想到其象徵圖像和神話主題，因此是絕佳的夢境象徵物。當你整理卡片時，尋找能夠代表你想實現清醒夢的願望或引起共鳴的卡片。在許多副牌中，寶劍四的牌描繪了一個沉睡或沉思的人。你也可以考慮愚人（與新的開始和創意跳躍相關的牌）、魔術師（與「顯示」意圖或使夢想成真相關），或是月亮（與睡眠、夢境、浪漫和幻想相關的王牌）。

找到帶有能夠喚起你意圖的圖像卡片後，在你的床頭櫃上擺放精心排列的卡片。例如，你可以挑一張卡片代表自己，把它放在你稱為做夢者的位置。在做夢者的頭頂上，你可以放幾張反映出你為了實現清醒夢所做的努力的卡片……甚或是代表你想要夢到的人、地方、活動或主題的卡片。

市面上有成千上萬副牌，任何一副都可以用來建造成夢境象徵物。如果你對各式各樣的牌感到困惑，我建議你嘗試以下任何一副牌，它們都具有類似夢境的特性：

世界精神塔羅牌（**The World Spirit Tarot**）。這副牌色彩鮮豔，使用粗線圖像，包含了令人驚嘆的藝術。它的多元文化角色將會讓你輕易地在牌中找到看起來像自己的人！這副牌的背景設定類似中世紀，包含許多奇幻人物。

宇宙部落塔羅牌（**Cosmic Tribe Tarot**）。由史蒂夫・波斯曼（Stevee Postman）製作的驚人塔羅牌，特點是包含夢與惡夢的圖像，光彩奪目的藝術。許多牌面包含赤裸人體，如果你對裸露感到不自在，這副牌可能不適合你。

鍍金塔羅牌（Gilded Tarot）。金屬光澤的表面，精美的質感和夢幻的象徵，讓這副牌成為完美的床頭夥伴。由於大量生產，因此價格不會太貴；如果你的預算允許，也可以考慮同時購入同一個作者製作，恰如其名的夢境塔羅牌（Tarot of Dreams）。

任何一款「偉特（Waite）」塔羅牌，包含通用塔羅牌（the Universal Tarot）。在亞瑟・E・偉特（Arthur E. Waite）創造的每一張塔羅牌上——由潘蜜拉・柯曼・史密斯（Pamela Colman Smith）繪製出令人難以往懷的人物——從一九〇四年發行以來，已經被重新繪製和詮釋了數百次。它之所以受歡迎是有原因的，在每個場景裡頭，你都能感覺到即將發生的重要事件。

如果你喜歡更現代一點的，可以試試靈光乍現塔羅牌（The Bright Idea Deck）。在我專門為腦力激盪創造出來的這副牌中，可以找到幾張寧靜，困倦和類似夢境的圖像，包含王牌2（直覺），王牌18（樂觀），藍色9（滿足），黃色4（沉思），還有綠色套組的安慰牌。

不論你選擇哪一副牌，挑出能夠反映你意圖的卡片，把它們放在床邊，透過每晚檢視來強化你做清醒夢的渴望。如果你不喜歡塔羅牌，也可以考慮使用符文，水晶，或任何其他你喜歡的魔法物品。

本章概述

透過使用一些簡單的技巧，你就可以大幅提升享受清醒夢的機會。同樣想在夢中達到清醒的朋友，即做夢夥伴，他們可以提供支持，鼓勵和後援。肯定語、冥想和形象化有助於改變心態，將你的注意力集中在做清醒夢的目標。習慣上的小改變，包括你如何準備入睡和從睡眠中醒來的改變，這些對你達到夢中清醒的狀態亦有極大助益。

最後，你挑選或創造的夢境象徵物，用以呈現你實現清醒夢的渴望，可以成為你追求清醒夢的強力實物提醒。

採用其中一兩種技巧就可以為你的清醒夢生活制度帶來真正的改變。嘗試每個方法，也可以根據你的特殊需求調整這些技巧。

下一步該怎麼做？

在第六章〈從意識狀態到夢中清醒〉裡，將詳細介紹兩種「做清醒夢的強大工具」——夢境日記和現實檢查。利用這些工具增強你的夢境意識，將會增加你做夢的頻率和穩定性，讓你有更多機會達到夢中清醒。

如果你可以從和精通此技能的人交談學得更好，直接跳到第七章〈現身說法〉。這一章包含了對清醒夢者的採訪，以及你可以運用在自己清醒夢生活制度的建議和技巧。

在第八章，你可以看到十一個清醒夢的應用——一旦你開始定期達到夢中清醒後可以嘗試的實驗和體驗。

最後，在第九章中，將詳細說明如何詮釋傳統的夢和清醒夢。使用本章概述的簡單方法，就可以輕鬆地推論出夢境裡神秘符號的意涵。

第六章

從意識狀態到夢中清醒

在本章，你將會學到：

- 夢境日記的好處，以及充分利用監測和記錄夢境的實用技巧。
- 養成「現實檢查」的習慣，會大幅提升你的夢境意識和回憶能力。
- 為什麼即使只有提升些微的夢境意識和控制，也會對你追求夢中清醒產生重大影響。

把夢境擺在優先位置

讓清醒夢進入你的生活，例如透過做夢夥伴、肯定語、形象化、更健康的睡眠模式，還有夢境象徵物……這些可以大大提高你實現清醒夢的機會。不過，清醒夢不一定要成為你努力的唯一重點。畢竟這也只是一種非常特殊的夢。從邏輯上來說，增強你對夢境的意識也會有助於追求清醒夢。

在清醒世界中，令人興奮的生活節奏阻礙了我們對夢境的關注。我們醒來時，腦海可能浮現一個故事或一個場景的片段。但是一整天的動力要求我們起床、沖澡、做早餐，然後衝出家門上班去。等到我們好不容易第一次休息時，夢就像雲霧一樣，已經被早晨刺眼的陽光驅散殆盡。

對於那些對夢境感到好奇的人來說，情況只有稍微好一點。我們可能會去思考一個特別生動夢境的涵義。也可能受到感動而去告訴他人，這個奇怪、不太尋常的夢境。但在許多情況下，我們大多忽視自己的夢，讓它們遁入黑暗之中。

要成為清醒夢者，就要改變你的優先順序和重點。首先，我們必須把夢境回憶和夢境探索擺在優先。只要使用正確的工具，再加以活用，這個基本改變其實很容易做到。

其次，我們必須專注於我們的夢境——觀察模式，尋找可能的夢境暗示，並且察覺出夢境如何與我們溝通。最後，一旦意識到夢境狀態，我們必須緩慢而穩定地控制我們在那裡經歷的世界。

你可以記住以下兩點來幫助自己順利達到夢中清醒：

使用正確的工具至關重要。你並不是唯一一個在努力實現清醒夢的人。簡單而強大的工具將會對你體驗夢中清醒的能力產生重大的影響。在本章中，我們會研究兩個用來增強夢境意識，非常簡單、便宜且強大的工具：夢境日記和現實檢查。

控制能力跟熟稔度有關。當你第一次拿起畫筆時，你不會期望自己可以媲美畢卡索（Picasso）——所以如果你第一次達到的夢中清醒很短暫、迅速或是不太完整，不要感到驚訝。本章結尾的資訊將會幫助你充分利用這些小小的成功，把它們轉化成實現更加激動人心的清醒夢的墊腳石。

兩個提升意識的簡單工具

第一個強力工具：夢境日記

在過去幾世紀裡，人們認為歐及布威（Ojibway）或齊佩瓦（Chippewa）部落建立了創造捕夢網的習俗。捕夢網是用多條牛筋線編排成錯綜複雜的網狀結構，並用羽毛或其他神聖物品加以裝飾。懸掛在嬰兒床上方的捕夢網，被認為可以保護孩子，過濾惡夢，只讓美好的夢通過。

一本夢境日記，就相當於二十一世紀的補夢網。和美國原住民捕夢網不同的是，你的夢境日記是用來捕捉你做的每一個夢。即使是在半夜醒來，盡責的夢境記錄者也會翻開他們的日記本，記下每個想得起來的夢或片段。相信我們這些採用這個方法的人說的：寫下夢境日記是建立全面夢境意識最好也最快的方法。

·夢境日記技巧·

步驟很簡單：當你醒來時，盡快寫下任何你記得的夢境內容。每個夢境都單獨列一個條目。盡可能地描述，因為記錄得越多，就越能從這個步驟獲得好處。

這些夢可能是零碎的或是全面史詩般的作品。它們可能合理，也可能完全無俚頭。你或許記得開頭和結尾，但中間全部忘記。接受這樣的混亂也是分析夢境不可或缺的一部分。

◎一般技巧

- 當你在記錄夢境時，為了避免很快忘記內容，可以先從「概述夢境」開始，利用一串關鍵字來代表夢中的主要事件、對象或人物。
- 編寫條目時，迅速記下一些關鍵字或簡要敘述。這將會讓夢境保持鮮明，也有助於保留你通常會忘記的片段和過渡內容。
- 記錄完夢境後——記住，夢境是最重要的，所以要把它擺在優先！——也要記得在每篇日記寫上標題和日期。

◎使用範本

當說到夢境日記時，一點小小的組織條理就可以帶來很大的幫助。當你昏昏欲睡或是困倦時，很難完全記得你想要寫下的東西。利用填空範本中的條目，就不用推測是否還有遺漏。

你不需要一個有很多欄位的精美範本。事實上，你會發現下面這個簡單的範本可以讓你花最少心思就能記得最多的細節：

關鍵字／快速概述：
人物：
地點：
心情：
夢境描述：
夢境標題：
夢境日期：

如前所述，首先填寫關鍵字和概要欄位，將有助於你保留夢境的主要特色。接著人物／地點／心情欄位也能快速記下夢境元素。我建議你一醒來就趕緊寫下夢境元素。幾乎每次你說：「喔，對，我等等寫下來！」的時候，最後都會忘記細節，或是忘記為什麼它在當時感覺很重要！

夢境描述欄位就是可以盡情發揮的地方，一想到什麼就寫下來。不要試圖想創作出合乎邏輯、具連貫性，可以出版的散文。不要編輯或改寫。

你的目標不是贏得普立茲獎，而是盡可能把夢境寫在紙上。當你寫完描述欄位，幫這個夢境訂一個標題（如果你先做這個步驟，你可能會浪費寶貴的時間在決定哪個標題比較好！）和日期。

你可以把這些欄位寫在夢境日記的每一頁，或是寫在封面內側，然後在每次記錄時參考作為大綱。

・夢境日記條目樣本・

夢境日記條目不需要詳盡複雜。有些人的夢境日記條目讀起來像小說，但其他人則喜歡寫下簡短的摘要，或是隨著夢境體驗捕捉他們的「意識流」。

下面的例子提供了可供使用樣式的多樣性概貌。你可以嘗試這些樣式，或是發展出你獨有的風格。

條目樣本一

關鍵字／快速概述：土耳其、金字塔、橘色的天空、香料的氣味、水罐、遊客、翻譯、吸菸、菸斗

夢境描述：在這個夢裡，我身處外國的城市，我想是土耳其的某個地方，因為我在遠方地平線上看到奇怪的鑰匙孔形狀的門和宣禮塔。在市中心有一座大型金字塔。其實，它不太算是金字塔，反而更像古巴比倫式寶塔。看起來就像舊繪本裡的巴別塔（the Tower of Babel）：頂端越來越窄的圓錐體，周圍環繞著一條小路延伸上去。每個人都去那參加節日活動，我也是，即使我不知道是什麼節日。

夢裡的細節讓我感到驚訝。天空是橘色和玫瑰色雲朵的鮮豔混合；我猜太陽正要下山。當我和幾個朋友走在一起時——我們全都穿著金色和紫色的長袍——我可以聞到街上小販食物的味道：烹調著用辛辣香料醃製的肉（我想是雞肉）。他們正用外語向我們呼喊。這是一個奇怪的細節：我知道我們都說著英文以外的一種外語。即便如此，我也聽得懂每個人說的話。

在塔樓裡，我們被告知要拿幾個沉甸甸的水罐，把它們送到塔樓底座的特殊

節日室裡。我拿著一個陶土甕，努力要放進去那裡，這時才第一次感覺到這裡有多熱。

在塔樓底座有很多來參加節日的遊客。他們穿著現代服裝：短褲、T恤和背心裙。他們拿著相機不停地拍我們。我有一種印象，這個場合應該是嚴肅莊重的，但他們卻大聲說話和笑著。

因為我知道自己也會說英文，所以我過去向他們解釋，應該要靜靜觀看這個節日活動。他們非常抱歉，但也有很多疑問。最後，我能為我們這邊的人翻譯他們的問題，然後再把這些答案翻譯成英文。我喜歡能夠在兩種語言之間切換的能力，在這一部分的夢境中，我感覺到自己非常重要。

最後，他們領會了這些活動的精神，在巨大的枕頭上安頓下來。一列女子拿出水煙和煙草，我們所有人輪流抽著水煙，發出低沉的水聲。抽起來甜甜的，像羅勒的味道。

我醒來前正在想食物——我應該為遊客點哪種才好，醒來的那剎那覺得很困惑，不曉得自己身在何處。醒來後的好幾分鐘，我覺得自己被迫從某個地方離開，彷彿被從屬於我的地方來根拔起，然後放到某個人平凡的現實中。

夢境標題：成為翻譯人員
夢境日期：六月十五

條目樣本二

關鍵字／快速概述：鴨子、粗麻布袋、飼料、鱷魚、大棍子、孩子們在笑

夢境描述：我在湖邊。有很多黃色鴨子。我想要餵牠們，但手邊沒有麵包。我在草叢裡發現一大包袋子，像是一袋肥料。裡面都是鮮綠色的種子。我把種子丟給鴨子吃。牠們全都靠過來聚在一起，爭來爭去呱呱叫。

突然之間，一隻大鱷魚從水裡出來，咬走幾隻鴨子。牠一次又一次地冒出水面。我試著趕走鴨子，但牠們因為飼料都不離開。我覺得很內疚，所以拿了一隻大棍子，開始打鱷魚的鼻子。我一次又一次地打牠，但牠還是不斷在吃鴨子。

一群孩子路過，我向他們呼喊求救。他們卻覺得我做的事情很好笑，只是指著我哈哈大笑。

夢境標題：死掉的鴨子

夢境日期：二月二日（下午小睡）

條目樣本三

關鍵字／快速概述：堆、疊、磁磚、泰國（Thailand）、安迪·迪克（Andy Dick）

夢境描述：泰國，炎熱的小屋，即使是在鐵皮屋頂下的陰涼處也很熱。塵土飛揚的工廠製造易碎的浴室地磚。我的工作是根據顏色和價格，將堆積如山的隨機磁磚排列成堆。每次我排好之後，就又會有一百萬片瓷磚從滑道中跑出來。很多片摔到地板上裂開。這樣的失誤會算在我頭上。

我的主管是喜劇演員安迪·迪克：臉紅，憤怒，滿頭大汗，戴著充滿蒸氣的眼鏡，總是不開心。「我幾個小時前就可以做好的！你早該完成了！沒有人能打破這麼多磁磚！」他不斷在附近徘徊盯著我。不論我做什麼，即使是他吩咐我去做的，他都會大叫說我應該去做其他事才對。「你要先洗一洗啊！如果不洗怎麼知道這片是什麼顏色！你現在又在做什麼了？你要先把破掉的磁磚清理乾淨再去洗其他的，不然你沒辦法分清楚垃圾和成品！現在又在幹麻？你不是說你有相關經驗嗎？」

我並沒有相關經驗。一旦我意識到這一點，我就醒了。

夢境標題：分類堆疊

夢境日期：三月三日

如你所見，上面的條目在語氣和細節描述上都有很大差異。記錄方式沒有所謂的對錯，每個人的夢境記錄都不一樣。不要去想怎樣才是正確的，儘管去做就對了！記下發生的事件、感受、影像、物品、人物……任何你想到的事情。

・記錄夢境日記的好處・

做更多的夢。記錄夢境日記需要一點自律，但自律會得到回報的。當你持續寫下每天的夢境時，你正在向你的潛意識發出強烈而無聲的訊息：記住夢境對你來說很重要。每天專注在你的夢境和做夢這件事上，自然而然會讓你更頻繁地做更生動的夢。

想起更多夢境細節。一開始，你可能每晚只會記得一兩個夢或片段。請毫不猶豫寫下這些看似與更大架構無關的零碎片段。寫下一個細節通常會讓人想起其他細節，記錄夢境片段的過程經常會幫助你重拾那些片段來源的更大夢境。

另外，當你記錄一個夢的細節時，你可能同時會想起其他夢。許多夢境記錄者故意依相反的順序回憶自己的夢，從醒來之前的夢，往前回到半夜的夢。

記住更多夢境。在記錄夢境兩個月後，我回去翻之前的日記。讀到過去六十天的夢境活動時，我驚呆了。雖然我記得日記裡的許多夢境，但對大約三分之一的夢卻完全沒印象！

在某些情況下，閱讀一個夢境條目會讓我想起這個夢。但是有好幾個條目，似乎來自於別人的夢境日記。我知道，在某個時刻，我曾經寫下那些夢……但夢境的感受已經完全消失了，我一點也記想不起來曾經做過那些夢。

這個經驗讓我相信，我們做的夢遠比自己意識到的多更多。考慮到這一點，你的夢境日記本可以成為夢境的永久儲存空間。即使你的夢境從記憶中消失了，你也能快速又容易地在日記裡找到。

發現夢境暗示。在回顧兩三個月的夢境後，我發現夢中有幾個我從未注意到的元素：

- **電梯**。大約有五分之一的夢都涉及電梯。在每個夢裡，電梯都有一些顯著的特徵。一個是包含數千個樓層選擇的按鈕。另一個是電梯像一個小劇院那麼大，可以一次容納數百人。我經常夢到電梯卡住、掉落，或是發生故障。
- **名人**。我先聲明：我完全沒在追星。我一點也沒在關心名人消息，而且要我說出最喜歡的電影明星或電視演員的名字，我也說不出來。但是非常奇怪地，卻經常發現名人出現在我的夢裡！通常，他們似乎會變成我的潛意識用來充實夢境的「臨時演員」：方．基墨（Val Kilmer）變成郵差；凱蒂．荷姆斯（Katie Holmes）是寄宿在我媽家的人；湯姆．漢克斯（Tom Hanks）手拿著便條簿，化身為服務生。
- **不尋常的損害**。在我的眼前，停車場的地板會形成一個凹坑，露出一灘鮮綠色的黏液。一塊被重物擊中的玻璃破碎，形成能夠拚出一個字的網狀裂痕。堅固的物體——金屬門，建築物，樹木——輕輕一敲就四分五裂。

這些以及其他主題一而再，再而三地出現，但直到我開始記錄夢境後，我才意識到這些影像有多常出現在我的夢裡。現在我瞭解這些重複出現的元素後，我就用他們來當做夢境暗示。當喬治・克隆尼（George Clooney）為了跟小劇院一樣大的電梯裡頭的生鏽地板道歉時，我就會意識到：「嘿！我正在做夢！」然後開始掌控夢中世界。

・選擇夢境日記本時的考慮事項・

現成的吸引力。一本商品化的夢境日記本適合你嗎？夢境日記本已經變得如此流行，許多書店都有專門為此製作的空白本子。這些通常由空白頁面組成，精美的封面則有各種神奇的顏色：淡粉色、薰衣草色、深紫色、光澤金色……商品化的夢境日記本通常帶有一些裝飾性的圖案花色，暗示著夢境和做夢：流星、新月，睡不著時可以數的綿羊。如果你覺得這些日記本很吸引人，或者你認為購買其中一本可以表達出你想要更加察覺自己夢境的意圖，那麼請務必挑一本吧。

不過，幾乎任何類型的便條簿或筆記本都可以用來當做夢境日記本，因此不必覺得一定要再花錢購買。只要你忠實地記錄夢境，夢境日記本就會發揮它的作用。一個簡單的五十美分記事本和十二・五美元的薰衣草絲綢裝訂，上面還有亮片星星圖案的那本一樣有效！

大小很重要。你的夢境日記本應該多大？這個答案很簡單：夢境日記本應該要寬五．五英寸，高八．五英寸。

開玩笑的啦！雖然這種教條式的敘述肯定會讓你更容易挑出一本夢境日記本，但依照你的睡眠習慣和臥室環境，來決定最適合你的夢境日記本尺寸會更實際。

- **記事本**。那些簡單的，口袋大小的便條簿，上面有一圈螺旋狀的金屬絲，就可以用來當作不錯的夢境日記本。記事本很容易放在口袋或錢包裡，非常方便攜帶。如果你在白天小睡片刻，或者在回家的火車上打瞌睡，夢境日記本就在你的身邊。如果你經常旅行，它們小巧的尺寸很容易攜帶。

特別是如果你容易片段地回想起夢境，記事本會是很理想的選擇，因為你可以一頁寫一個夢境，旁邊畫上你想起的影像或是寫下一些想法。另一方面，如果你傾向詳細地回憶起夢境，那麼你可能會覺得把一個夢境分成好幾頁有點尷尬……或者你的記事本很快就用完了。

- **口袋日記本／莫爾斯金（Moleskine）日記本**。口袋日記本有各種尺寸。大多數都比記事本大一點，讓你有足夠的空間記錄你的觀察。它們也有各種格式和顏色可供選擇。我的第一本夢境日記本是薄薄的，手掌大小的空白本子，上面還有一條鬆緊帶，就是書店都有賣的莫爾斯金日記本。它的大小很適合放在枕頭下或床頭櫃，鬆緊帶還有兩種功能，標示下一個可用的空白頁，以及在旅行時讓本子保持閉合。

一定要選擇熟悉或知名的口袋日記本品牌，特別是如果你選擇那種可以添加內頁，封面可以重複使用的。你不會想要在喜歡上特定的日記本後……發現只剩下幾頁可寫時，卻再也買不到補充的內頁！

- **信箋簿**。這些本子提供你足夠的空間去記錄你的夢境。因為你可以在任何一間辦公用品店或普通商店買到這些本子，你永遠不會浪費時間去尋找替換本。

特別是那種用皮革或塑膠夾裝訂的，可能會太大或太笨拙而不易攜帶。如果你選擇這一種，請確保你的床頭櫃有足夠的空間可以放。隨身攜帶這種尺寸的本子會讓你感到尷尬或不自在嗎？如果會，請選擇較為小巧的日記本。

裝訂選項。螺旋狀或線圈裝訂的筆記本重量輕，價格便宜。如果預算是個問題，那線圈筆記本很可能就是你的最佳選擇。

不過，請注意線圈筆記本的兩大缺點。第一，當你撕掉內頁時，會產生很多廢紙條。由於你可能會在床上寫日記，你要考慮這些銳利的紙捲有可能掉落夾在你的被子和床單之間！第二，線圈筆記本的線圈，時間久了可能變得不牢固。如果你打算使用夢境日記本好幾個月（或者保存一系列的本子），線圈筆記本可能不是你的最佳選擇。

小型口袋日記本通常是用兩個訂書針或一條膠水裝訂；就和螺旋裝訂日記本一樣，這些本子可能也無法承受太多磨損。中型和大型口袋日記本則通常用紙板、卡紙、乙烯基塑膠，或皮革封面來黏合裝訂。這些既柔韌又耐用，是夢境日記本的好選擇。

三孔活頁夾提供了即時添加或移除頁面的功能。然而，那些設計用來使用標準筆記本紙的活頁夾可能會過大。較小尺寸活頁夾上的小扣環經常彎曲或對不準，破壞了整個筆記本。

也要記得，穿孔活頁紙很容易從金屬扣環上撕下來。如果你不小心拉出一張重要的夢境條目頁面，要重新插入失去的頁面可能很難。

紙張選擇。沒有線條的紙張提供你最大的靈活性，讓你在頁面寫下任何形式的文字，圖畫和素描。尤其是如果你字跡工整，沒有線條的紙張可能是你的最佳選擇。

印有線條的紙張讓你的口袋日記本看起來更工整。如果你偏好有印線條的紙張，別忘了你可能會經常在昏暗房間裡低光源的環境中使用日記本。考慮到這一點，請選擇印有粗體深色線條的紙張。

你也可能找到帶有方格紙的便條簿、口袋日記本和筆記本。如果保持文字大小一致

（便於閱讀）對你來說很重要，或者如果你喜歡保持頁面精確邊界，或者你打算畫出你夢到的東西，那麼這種紙張可能是你的最佳選擇。

任何庫存充足的辦公用品店都會有這三種紙張樣式的記事本，口袋日記本，筆記本，和便條簿。

顏色選項。許多商品化的夢境日記本有出各種顏色的內頁：粉彩色、粉紅色或紫色一類。這些看起來很漂亮，如果你喜歡有顏色的內頁，你可能會想選擇這一類的。

不過，正如前面段落提到的，你很可能會在低光源的環境下記錄夢境。深紫色的內頁看起來很漂亮，但在昏暗的房間裡，閱讀紫色紙張上的黑色或藍色字跡可能會非常困難且令人沮喪！我知道一位女性使用粉紅色的內頁……後來發現，隨著日記本用久了，他的日記條目（用紅筆書寫）幾乎變得難以閱讀。

筆和紙的顏色對比度越大，你的夢境日記就會越容易閱讀。考慮到長期的可閱讀性，我推薦使用黑色墨水寫在平整的白色紙張上。

其他特色。一般來說，夢境日記本越基本越好。懸掛的飾品，大而笨拙的書籤，黏在封面的閃亮碎片裝飾，還有其他附加物，這些東西一開始可能看起還來不錯。不幸的是，它們也容易斷裂，消失、脫離，讓你的夢境日記本看起來破舊不堪。

一些良好的特色包括：

口袋。如果其中一張頁面脫離裝訂，你可以把夢境歸檔在口袋裡。同時，口袋也是放照片，塔羅牌卡片，或是其他你用來當做夢境催化劑的圖像的好地方。

隨書筆套。夢境消逝得很快。當你拿到日記本以及在房間裡找筆的同時，你第一次達到夢中清醒的細節可能就會消失。一個隨書筆套——在日記本內側或書脊上一條簡單的塑膠，布料或皮革帶子，剛好可以塞入一支筆或鉛筆——可以讓你在需要筆時，隨手就有一隻！

範本頁面。有些人喜歡自由形式的夢境日記：他們想到什麼，就寫什麼。其他人——尤其是剛醒來時，頭腦昏沉的人——會覺得範本頁面（預先列好的大綱項目，可以直接填寫）非常有用。你可以複製本章前面提供的範本，也可以自己建立。

・其他有用的工具・

鋼筆。一枝好的鋼筆是夢境日記最好的朋友。以記錄夢境來說，我認為鋼筆會比鉛筆來得好。鉛筆痕跡會隨著時間變得骯髒或退色。因為使用鉛筆可以擦掉，你會忍不住花時間去修改而不是單純記錄。快速書寫時，鋼筆使用起來也更輕鬆。

坦白說，與其花大錢買一本精緻裝飾的筆記本（你總是可以自己裝飾！），我建議大家揮霍在夢境之筆上！一枝你收到的禮物鋼筆，一枝你買來紀念特殊成就的鋼筆，一枝形狀或顏色有趣的鋼筆——這些都是理想的夢境之筆。

現在市面上有出很多筆，筆桿上嵌有明亮的燈光筆，非常適合在黑暗中隨手寫下日記！

燈。請想像一下你做了一個特別鮮明又愉快的清醒夢。你在半夜醒來，覺得興奮又滿足。「我得把這個寫下來！」你心想，接著你滾到床邊，伸手去拿夢境日記，並且把燈打開。

唉喲！當你在完全的黑暗中待了幾個小時，床頭燈的刺眼強光可能會讓你很痛苦。（如果你和別人共床，他可能不會贊成你在凌晨兩點半使用強光！）就當你坐在那眨阿眨，揉著眼睛時，珍貴的夢境細節又悄悄流逝。

如果你負擔不了其他東西，就買適合的床頭燈。不過，也有一些替代方案，也都不用太多花費：

- **筆桿嵌有照明燈的筆**。如前所述，這是完美的夢境日記之筆。選擇有明亮的白色LED燈。避免有色燈光，這種光隱藏的比透出的多。

- **閱讀燈**。市面上有幾十個品牌可供選擇，全部都是基於一個樣式再去作變化：可以夾在你的筆記本上方的小型鵝頸燈。有些會比其他更亮更耐用，所以去可試用的店面購買，或者退貨規定較寬鬆的店家。
- **頭燈**。在露營和運動用品店販售，頭燈是連接燈泡和反射鏡的輕巧頭帶。把迷你燈對準你的額頭中央，戴上頭帶，這樣就好了！這種電池供電的燈發出非常集中，非常明亮的白色光椎……但因為光線是從你額頭照出去，所以刺眼的強光就不成問題。

◎筆記本的替代品

《創作，是心靈療癒的旅程》（*The Artist's Way: The Spiritual Path to Higher*）作者茱莉亞·卡麥隆（Julia Cameron）敦促他的讀者每天寫下「晨間隨筆」日記。卡麥隆堅信「書寫導正一切」，強烈建議他的學生要用手寫的方式，寫下這些日記。

這些年來，我遇過不少人就是不習慣手寫。對他們來說，鋼筆很難用，使用它們會引起手抽筋和指尖痠痛。如果你不喜歡手寫（或者你發現你的深夜筆跡常常難以辨認），你可以考慮以下選擇：

PDA。個人數位助理（Personal digital assistant，PDA）或掌上型電腦，一開始，這

似乎是個不會導致疲勞，完美的記錄夢境方式。它們很輕，大部分也有發光的螢幕（非常適合在黑暗中記錄！）。把你的夢境日記傳送到你的桌上型電腦，就像把裝置放進它的充電底座一樣簡單。

另一方面，大部分 PDA 都包含某種（常常不可靠的）手寫辨識軟體；除非你精通於這種資料輸入方式（或者你使用少數帶有鍵盤的 PDA），不然你可能希望避免使用 PDA。

筆記型電腦。我喜歡一台好的筆電，最後，我也開始在寫這本書的同一台電腦上打我的清晨夢境日記。只要我早上起來第一件事是使用電腦，這個方法就管用……但我承認，我經常忘掉深夜的夢境，因為我告訴自己「我明天早上就去打。」

如果你使用的是筆電，請隨時保持開機狀態（當你等待它啟動或從休眠中醒來時，夢境正在消逝！）。也要注意，使用鍵盤會產生嘈雜的聲音。如果你和別人共床，他可能不會喜歡夜深人靜時鍵盤發出的咔嗒咔嗒聲。

錄音機。聲控錄音機（甚至 iPod 或附有麥克風的 MP3 播放器）是筆和紙更好的替代品之一。一旦你熟悉控制按鈕後，你就可以在一盞燈都不用開的情況下記錄日記，並且可以在之後隨時抄寫下來。

如果你使用錄音機，請記得你深夜的聲音比白天低沉。盡量把話說清楚，否則你可能只錄到含糊不清的話語。身邊要準備好空白錄音帶，或者要確保定期卸載內容；你不會想因為錄音帶用完了或記憶體不足而失去其中一個夢境！

◎關於機密

你的夢境日記涉及非常私人的內容。這些夢境揭示了一切從你最深層的恐懼到你最殷切的希望。把夢境日記放在任何人都可以接觸到的地方可能不是個好主意，尤其是如果你記錄了令人不安、性愛或非常隱私的細節。我建議你白天把夢境日記放在一個安全的地方，以免有人不小心發現。

如果你選擇用電腦或掌上型裝置來記錄日記，我強烈建議你使用密碼或加密軟體來保護你的夢境不被窺視。

第二個強力工具：執行現實檢查

還記得我們在本書開始時，對做清醒夢下的定義嗎？

簡單來說，清醒夢就是做夢者——意識到自己正在做夢，並且對於夢境的內容和方向，達到一定程度的掌控。

對我們大多數人來說，最棘手的部分——關鍵的第一步——是意識到自己正在做夢。

夢境看起來、感覺起來都很真實。此外，夢抑制了我們的關鍵機能，讓我們比較不會去反對不可能發生的事情。在清醒世界中，如果我們遇到一個變成牛頭怪的男人，要教我們跳探戈的技巧，我們會避而遠之。然而，在做夢時，我們會從容接受這種不合邏輯的轉變。

這對清醒夢者來說，是一個巨大的挑戰，他們「醒來」意識到自己在做夢的能力，通常和注意到令人不快的細節有關，例如奇怪的轉變、不可能擁有的能力、沒有指針的時鐘、沒有印刷內容的書籍……那該怎麼做呢？答案就是：現實檢查。現實檢查就是習慣性停下來問問自己：「我在做夢嗎？這是夢嗎？」

‧現實檢查的種類‧

首先，要把現實檢查納入你的日常生活。這些簡單的方法包括：

門檻檢查。每次你穿過一道門時，訓練自己思考你現在正在做夢還是醒著。掃視周圍的空間，尋找夢境暗示：格格不入的家具、陌生的物品、行為異常的人。（當然，如果你住在大學宿舍，這些東西可能是你日常生活環境的一部分！）

時間檢查。每當你看手錶或時鐘時，就問自己：「這是夢嗎？」利用鐘錶在夢境不合理的表現來確認。檢查你看到的每個時鐘兩三次。你可以看清楚錶面的時間嗎？時間看起來穩定嗎？你看到的數字合理嗎？

存放檢查。當你放東西在你的口袋或錢包時，停下來問：「我在做夢嗎？」一旦東西放好之後，輕拍你的口袋或看一眼你的錢包。東西還在嗎？它改變了嗎？口袋或錢包裡還有沒有其他奇怪的東西？如果你拿出那個東西，它的表現是否會如你預期？

文字檢查。當你看到一份報紙時，請仔細閱讀頭版。上面的文字內容是否穩定？當你多次閱讀標題或圖片時，它們會改變嗎？內容異常地難以閱讀嗎？如果你移開視線後再回去，有發現任何變化嗎？你可以對書本或其他印刷物做同樣的測試。

隨機檢查。購買一隻帶有鬧鐘或碼錶功能的便宜手錶。在一整天中，把鬧鐘設定在隨機的時間，或設定碼錶隨機倒數幾小時幾分鐘。當你的鬧鐘或碼錶發出嗶嗶聲時，問問自己：「這是夢嗎？」

夢境暗示檢查。一旦你開始記錄夢境日記幾個星期，就會開始注意到一些模式——重複的主題和反覆發生的事件——這都是夢正在進行中的明確跡象。因為我知道塔樓，電梯，和名人都是我個人的夢境暗示，所以每當我看到一座行動通信基地塔，進入一台電梯，或看到某個長得和名人很像的人，我都會進行現實檢查。

如果你很聰明，那麼你已經知道為什麼現實檢查對清醒夢者來說是如此強大的工具。你一天會穿過幾道門？你有多常查看時間？你有多常把東西放在錢包或口袋？即使你只選擇其中一項作為你的「現實檢查觸發器」，你也會發現自己每天進行好幾次簡單的現實檢查。

隨著時間的推移，現實檢查會變成一種習慣——成為你日常生活中不可或缺的一部分。正因如此，它們從清醒世界進入到夢中世界。很快地，當你跨過夢中的門檻，查看夢中的手錶，或把夢中的面紙塞進夢中的錢包時，你就會完全反射地問「這是夢嗎？」

而這將會是夢！

不要讓你的現實檢查「失效」！

關於現實檢查的最後一點：當你執行這些檢查時，要對第一個答案保持懷疑。如果你養成了自動回答「不，這是現實」的習慣，這個習慣也會延續到夢境世界裡。如果你每次檢查現實時，習慣性排除自己在做夢的可能性，那麼現實檢查有什麼用？

兩個簡單的策略可以幫助你避免這種潛在的陷阱：

一、**決定你身處哪個世界的其一方法，嘗試一些簡單但不可能做到的事情**。我選擇「飄浮」，這種我在現實世界中無法學會的行為作為我的標準測試。

當我問自己「這是夢嗎？」我讓自己飄浮離地幾英寸。在現實世界，地心引力把我釘住。在夢裡，我幾乎總是飄向天空。

如果你不喜歡飄浮（或者你學習瑜伽和冥想多年，使你有能力在現實世界中飄起來！），那麼就選擇另一個微妙但不可能的行為。我的朋友試圖召喚死去的親戚，改變牆壁的顏色，或者將白天改成黑夜。如果年邁的莎拉阿姨走了進來，如果房間從米白色變成粉紅色，或者如果藍色的天空突然被漆黑的天空取代，他們就知道要開始控制並且享受夢境。

要小心選擇這些不可能的事情！在夢裡，我經常以各種怪異的方式掉牙：使牙齒碎裂、斷裂、粉碎。因為我的牙齒一直都很健康，所以用「掉牙」作為夢境暗示似乎很合理。下一次我的牙齒從嘴巴裡滑出來時（奇怪的是，它們被一條小鍊子連在一起，好像我的牙齒是一串珍珠一樣），我就意識到我正在做夢。成功！

不久之後，在清醒世界用餐時，我把一顆牙冠弄碎了。即使我的嘴巴裡都是尖銳又砂礫狀的碎片，我也想著「我在做夢！」

我並不是在做夢，但有好幾分鐘，那種我可能在做夢的感覺，是無法逃避且令人感到不安的。

無論你選什麼行為來測試，就是不要捏你自己。雖然民間智慧都教我們說「捏我一下！我一定是在做夢」，夢境研究者卻指出，在夢裡捏一下的疼痛感就和現實世界中一樣。[①]正因如此，它們是糟糕的現實檢查方法！

二、**額外增加一些「失誤」**。當你一開始採用現實檢查時，你會經常（而且非常迅速地）確定你不是在做夢。如前所述，如果你不小心判斷，就會讓自己總是用肯定又適得其反的：「不！」來回答：「我在做夢嗎？」

把故意說錯的答案混入其中。有時候，即使現實檢查證實你是清醒的，也做出「沒錯！我在做夢！」的結論。感到歡欣鼓舞。恭喜自己在夢裡獲得清醒意識。暫停幾秒鐘，盡可能生動地去想像自己控制了現實，依照自己的個人喜好改變它。

如果你把誤判納入日常生活，它們也會跟著你進入夢裡。在某個時刻，即使夢裡特有的關鍵抑制誘使你說出「不，我不是在做夢」，你也會拋出「誤」判……透過不經意地控制了夢境讓自己感到震驚！

一開始，培養質疑現實的習慣可能會讓人感到些許不安。剛開始時，你可能會覺得這樣做很愚蠢或不自在。但是，如果你能養成定期檢查現實的習慣，你就會朝著實現夢中清醒的目標邁進一大步。

實現控制

一旦你對你的夢（以及整個夢境狀態）有了更多的了解，你將面臨下一個挑戰：從覺察到控制。有些人可以輕易地做到這種轉變。其他人則必須投入大量的時間和練習才能達成。

伊莉莎白寫信告訴我，他在這個過程遇到的挫折：

在寫了三個星期的夢境日記之後，我開始做更多的夢，也記得更多內容。接著我開始進行現實檢查。四天之後，我在夢裡看到我的提示（波西，我的貓）。當我彎下腰摸牠時，我問自己：「我在做夢嗎？」

雖然直到那一刻我才注意到，但我立刻就知道自己正做夢。周圍的空間不像我清醒時那麼清晰，而且照片掛在牆上的方式也有點不對勁（它們飄浮在離牆壁大約四分之一英寸的地方，沒有釘子或鐵絲將它們固定）。

我像被閃電打到一樣！「我在做夢！」但我太激動，立刻就醒了過來。接下來的兩個禮拜，同樣的情形一再發生。我進行現實檢查，發現自己正在做夢，然後就醒過來。

伊莉莎白的經歷非常普遍。當我們因為覺知而興高采烈時，很多人是如此開心和興奮而讓自己驚醒過來。幸運的是，透過練習，你可以克服發現自己在清醒夢裡的震驚。隨著時間推移，清醒意識的新奇感會逐漸被自信和方向感所取代。

夢中清醒的計畫

擬訂計畫會有所幫助。在現實世界，我們知道未雨綢繆的重要性。考量到可能發生的事故，因此我們買了保險；考慮到可能發生的災難，我們盡職地從辦公大樓裡出發，進行消防演習。我們這麼做是有充分理由的：在清醒世界裡，有計畫的人，像是做好還款計畫，或是知道最近的火災逃生口的人，總是比沒有計畫的人表現得更好。

對夢境世界來說也是如此。現在，在清醒世界，你應該花幾分鐘來計畫，當你實現夢中清醒時要做什麼。一旦你意識到你在夢裡，你會做什麼？你會試著飛嗎？你會召喚幾十年不見的高中戀人嗎？你會去參觀最喜歡的電視節目拍攝場景嗎？你會去巴黎嗎？

提前計畫你的第一次清醒夢之旅。設想一下。想像一下。在一個詳細的形象化或白日夢中好好體驗。如果這樣做，當你達到意識（我在做夢！）時，你反應震驚的可能性就會大大降低……並且更有可能將注意力轉移到實現夢想。

慢慢取得控制

許多清醒夢者期待取得控制的過程，是從「無法掌握」直接跳到「完全控制」。依照我自己的經驗，人們很少會從無助跳到完全掌控。對我們大多數人來說，控制的取得是一個漸進的過程。隨著練習，我們會更常達到控制，到最後，我們取得更多控制。

我採訪的幾個人都談到這個過程。泰瑞寫道：啊！我太失望了！我看到一個暗示，我明白自己正在做夢，接著我就開始動作。一開始，都沒問題。我可以清除整個空間。我可以褪成白色。但在那之後，我就被困在這片空白之中了。我一再嘗試把我想看的花園表現出來，但是沒用。過了一會兒，我就放棄，然後醒來。

布蘭特就成功多了，但依然感到沮喪：也許我太著急了或什麼的。像上個禮拜。我知道我在做夢，因為我公寓窗外的景色不對。所以在我醒來之前，我集中注意力想見到戴爾。我可以看到他。但有點不對勁。雖然他就在那裡，但感覺很遙遠，或者有點透明。我最後夢到和戴爾說話——就像你可能想像的，只是和某人談話，但不知道細節——不是真正的和他對話。感覺起來很假。

就連經常享受清醒夢的傑伊也承認：大約有三分之一的時候，我也無法得到我想要的。我會把夢裡的一個人變成胡安妮塔，但她又會變成其他人，而我無法再改回來。或是我設法想看金字塔，但看到的是紙板立牌的金字塔，或印在大片塑膠板上的金字塔。很多時候，我可以控制夢境，但接著又忘記自己在夢中是清醒的，就任由夢境自由發展，即使我不是刻意這麼做。

我自己早期的清醒夢特徵就是不盡完美的控制。這是我在實現第一個清醒夢後的第二天早上寫的夢境日記：

成功！我昨晚成功做了我的第一個清醒夢。在夢裡，我走進一個奇怪的電梯：牆面上有成千上百顆按鈕。一開始，標準的夢境反應：「真奇怪」我說，然後我準備繼續前進。

接著我想到：我在電梯裡。有奇怪的事情發生了。我進行現實檢查，發現樓層按鈕上的標籤並不一致。然後我突然想到：我正在做夢。

我立刻讓電梯門打開在一片陽光明媚的草地上；它也真的做到了。我一踏上草地，就想到幾個我想見的人：一個大學朋友，一個搬走的朋友，和一個電視劇角色。我一想到他們，這些人就出現了。

這時候，我很怕會醒來並失去這個夢，所以我衝上去和他們說話。不幸的是——也許因為我是新手？——他們不太正常。他們感覺起來很真實（我抱了一個人），看起來也真實，但卻感覺有體無魂。三個人在草地上搖搖晃晃走著，下巴鬆弛就像殭屍。不論我多努力要他們表現正常，他們就只是搖搖晃晃，不斷撞到彼此。

從那第一個夢開始，我就一而再，再而三地面臨這個挑戰：大約有一半的時候，我在夢裡召喚來的人會變成「殭屍」。他們看起來正常。感覺起來也正常。穿著就跟我預期中的一樣。即便如此，他們還是奇怪地缺乏情感或生命；就好像被下藥或是喝醉了。

如果你沒有辦法控制，或者沒有達到你所期望的控制程度，請記住以下幾點：

從小目標開始。當你學畫畫時，你不會期望在第一天就畫出一幅傑作。所以當你在追求夢中清醒時，也不要期望在第一個清醒夢中創造出整個世界！

設定小而保守的初始目標。飄浮。飛翔。召喚一個看起來像老朋友的人。改變周遭環境的某個小地方：天氣，光線特色，iPod上播放的音樂。一旦你能實現這些細微的變化，就往更具挑戰性的目標邁進。

慶祝邁向成功的每一步。有一次，我收到一位年輕女子的電子郵件，她已經多年沒有做過清醒夢，但最近又開始了。

我想要和我媽媽說話。我可以回到我的老房子。我可以聞到廚房裡晚餐的味道。我甚至可以讓媽媽待在屋子裡。但她從不面對我，也不會跟我說話。我覺得自己是個徹底的失敗者！

我這位年輕的朋友執著於一個目標——在夢裡和她母親交談——這讓她對自己難以置信的成功視而不見。她沒有慶祝自己創造出環境，召喚一頓精心準備餐點的香味，以及讓她母親真正出現在夢裡的能力，而是專注在自己未能讓夢中的母親轉向她和她說話！

不完整的控制勝過完全無法控制！當你在追求夢中清醒時，慶祝你邁向取得控制的每一小步，把它當作徹底的勝利。

考慮改變目標。如果長時間無法達成一個目標，也許是時候改變你的目標了。與其執著地尋求與完美伴侶的約會，也許你應該嘗試遊覽外國港口，改變天空的顏色，或者愉快地拜訪另一位朋友或家人。

有趣的是，我知道至少有兩個人在放棄原本的夢境目標之後反而就實現了！凱莉很想再跟她爺爺去釣一次魚，她說：

最後，我放棄回到那一天早上的嘗試，轉而去了森林。在接下來的一週裡，我成功建造出一片森林，裡面有高聳入雲的紅木和長滿青苔的巨石。

其中一次，當我專心地在樹枝上添加幾隻小鳥時，我偶然發現了一座湖。我意識到這就是爺爺以前帶我去的地方。然後，他就在那裡，在湖面上，微笑揮著手。我以某種方式設法上了船，接著他遞給我一根竿子。

記得放鬆。做清醒夢不是生死攸關的大事。放輕鬆！你是在做夢，不是在治癒癌症。如果追求夢中清醒開始干擾你的睡眠品質，或者你發現自己因為無法取得控制而沮喪，休息一下。沒有人會對你的進度打分數，而且這也不是比賽。深呼吸，換個角度思考，幾天之後再嘗試看看。

維持夢境控制的技巧

一旦你對自己的夢境有了一定程度的控制，你將面臨兩個新的挑戰：保持夢中清醒以及延長清醒夢的持續時間。

保持夢中清醒，就是持續意識到你掌控著夢境世界。由於你往往會沉浸在你當下經歷的事情中，很容易就分心，忘記你掌控一切，然後又回到無意識的狀態。

許多清醒夢者也提到，他們對於創造出清醒夢感到興奮，因而從經歷夢境轉變成談論夢境。安妮塔指出：

在經歷夢中清醒幾分鐘後，我最後坐在廚房裡，和室友談論在清醒夢裡發生的事情。那時候，我不知道自己還在做夢。當奇怪的事情開始發生時，我忽略它們。但當我醒來後，我意識到我在夢裡一開始是清醒的，後來卻沒有意識到這件事。這讓我很生氣！

那些最終在整個夢裡保持清醒的人，可能也必須努力留在夢境國度。「當一切都好起來的時候，」克莉絲汀告訴我，「我就開始醒來。而且我還真的可以感覺到自己醒來！就像夢裡的房間變暗了，和我在一起的人還有那張床開始逐漸消失，我感到非常困惑。如我竭盡全力，有時候我可以回去。如果我馬上回去睡覺，我通常可以回去夢裡。但彷佛是我的夢不想讓我在夢中保持清醒一樣。我在做夢的時候，好像有什麼東西一直要讓我醒來！」

當你成為一位更熟練的清醒夢者時，至少有三種方法可以用來穩定和延長你的夢中清醒狀態。

◎旋轉

清醒夢的文獻充滿了這樣的記載：人們利用「旋轉」，讓夢境中的身體原地自轉，作為穩定和延伸夢境狀態的一種方法。

這對我接觸過的許多清醒夢者來說，一點也不奇怪，在他們之中很多人，似乎是沒有在書本或文章中看到這種方法的情況下，就採取了這種策略。

「我以為只有我這麼做，」小金說。「事實上，這聽起來有點瘋狂。但如果我感覺到自己要醒來了，我會像某種俄羅斯民族舞蹈的舞者一樣跪下，伸出一隻腳，把所有重量放到另一隻腳上，然後旋轉，旋轉，旋轉。周圍的夢境可能會改變，但我依然留在睡夢中，並且保持控制。之後，我就可以站起來繼續做我原本的事。」

雖然我沒有小金的夢中舞蹈能力，我也採用旋轉來延長夢境和保持夢中清醒。也許旋轉的物理本質迫使你的夢中自我更加專注在你的夢中身體。也許看著世界在你周圍旋轉的行為迫使你的眼睛持續追蹤，加強了與快速動眼期睡眠相關的身體反應。最後，我也不知道為什麼旋轉有效……但它確實有效。

其他清醒夢者告訴我，其他重複的身體動作也一樣有效，包括跳躍、單腳跳躍、拍手、揮舞手臂和跺腳。

◎錨定

一位聰明的清醒夢者描述了一種技巧，漸漸地我也開始採用這種方法：透過把所有注意力集中在生成一個特定的物品，藉此將自己錨定在夢境裡。

方法是：選擇一個現實世界中存在的物品。（我朋友選的是一個紅色的橡膠球。）這個東西應該要夠小，小到可以握在手掌裡。選好之後把它握在手裡幾分鐘。讓自己熟悉它的重量和形狀。

在接下來的幾分鐘內，在不拿起那個物體的情況下，盡可能生動地重新創造將它握在手中的感覺。感受它的重量、質地，並且感受它形狀的輪廓。閉上眼睛，想像這個物體在你手裡。看看它。如果它發出聲響，請聆聽。如果它帶有氣味，聞一聞。目的是讓你自己相信這個物體是真實存在的。

一旦你做了這個練習，你可能會變得善於愚弄自己，以至於當你睜開眼睛發現物體並不存在時，你會感到相當驚訝！

在清醒世界掌握了這個能力，你就可以把自己的才能帶入夢境狀態。當你感覺到控制力正在消失或自己快要醒來時，請伸出你的手，生成你的錨定物品。就像你清醒時的做法，看看它，感受它，傾聽它，聞聞它。讓它成為真實的。

這種極度專注的行為通常會穩定夢境狀態，並將控制權交還給你。此外，你選擇的錨定物品——鮮紅色的球，黃色檸檬，有重量的金屬手電筒——會經常出現在你的夢中之手。這種神奇的出現將成為另一個夢境暗示，加強你意識到你在夢境狀態的覺知。

◎肯定

就像他們用肯定語來誘發清醒夢一樣，一些清醒夢者告訴我，他們用肯定語來增強和保持夢中清醒。

如果你採用這個方法，請在事先想好你的肯定語。例如唐娜使用「我可以隨時控制」和「我準備好就會醒來」。當夢境變得有威脅性或遇到阻力時，她會重複「我可以隨時控制」五次。當她感覺自己快要醒來時，她就吟誦「我準備好就會醒來」。

許多人利用這樣的肯定語一次又一次地達到成功。透過在清醒世界的練習，增強這種方法的可用性。那麼，當你在夢裡需要它們時，就可以隨時派上用場。

本章概述

因為每一個夢都是通往夢中清醒之地的潛在入口，所以仔細觀察夢境是有道理的。用來增強夢境意識，夢境日記是一個有趣、方便又簡單的工具。在夢境日記中，你可以隨你喜歡地盡可能詳細記錄。你可以使用自由形式的方法（包括草圖和圖片），或者，如果你願意的話，也可以使用範本來盡可能做例行記錄。

謹慎選擇你的夢境日記本，它必須是容易拿取、便於攜帶且耐用的。你也會希望手邊有一枝好筆還有可靠、充足的光線來源。

經常停頓下來問自己：「我在做夢嗎？」也能大幅提升你的夢境意識。選擇一種並且堅持下去，每當你穿過一個門口，看到一個標題，聽到一聲鐘響，就執行你的現實檢查。漸漸地，你將會把這項練習帶入夢境。令你高興的是，你會發現自己真的在做夢！

達到夢境的適度意識之後，通往夢中清醒的下一步包括了維持夢境意識和控制。對大多數清醒夢者來說，維持夢中清醒是一項隨著時間增長的技能；成功是以達到多少程度的控制來衡量。慶祝你邁向夢中清醒的每一步，並運用簡單而有效的技巧（旋轉、錨定和肯定）來發揮你留在夢中以及控制夢境的能力。

下一步該怎麼做？

在增強對夢境的意識之後，現在可能是聆聽那些經常體驗夢中清醒之人的故事的好時機。

你會在第七章中找到他們的故事，以及如何將他們的智慧融入你對夢中清醒的追求中的技巧。

如果你已經開始做自己的清醒夢（或者如果你已經經歷了一段時間的夢中清醒），第八章中的清醒夢博物館可能會為你提供一些可以嘗試的有趣，令人興奮的新實驗。

作為專注在你夢境的一部分，或者是努力從你的清醒夢中獲得更多收益。你可能會對夢境分析感到好奇。若是如此，第九章會提供你所需要的一切，來破解各種可控與不可控的夢中符號所代表的涵義！

---

① Stephen LaBerge and Howard Rheingold, Exploring the World of Lucid Dreaming (New York: Ballentine Books, 1990), 63.

第七章

現身說法：來自清醒夢者的建議與技巧

在本章，你將會學到：

· 來自真正清醒夢者的真實故事。

· 對清醒夢的深刻個人見解。

· 從真實清醒夢者經驗汲取的建議和技巧，目的在於幫助你更容易實現夢中清醒。

了解一項技能是一回事，直接從實踐者那裡學習又是另一回事。想學吹玻璃嗎？那就花點時間和吹玻璃的人相處。想學彈吉他嗎？那就跟著吉他手一起混。

如果你是認真想學習做清醒夢的技巧，那麼最終會找到其他同好者，從他們的經驗中學習。在大城市，你可以在夢境意識研習會和夢境解析課程中遇到其他清醒夢者。這類的講習會經常由大學、整體健康中心，以及獨立書店舉辦。如果你居住在大城市之外，網路可以成為和其他清醒夢者碰面和交流的寶貴工具。

在你認識自己的清醒夢熟人之前，你可以從自願在本章中分享個人故事的清醒夢者那裡學到很多。以下的個人簡介來自真實的人，儘管在某些情況下，更改了名字和其他細節，以保護清醒夢者的隱私。他們來自不同的背景，並且每個人對於做清醒夢有不同程度的舒適和成就。

除了簡介之外，你還會發現從這些清醒夢者的經驗中汲取的具體建議和技巧，你可以將其運用在追求夢中清醒時。

吉娜：輕鬆的方法

吉娜，四十一歲，在過去兩年裡才開始做清醒夢。她對這個過程還是不太熟悉……並且感到有些沮喪。

一旦我意識到自己做了清醒夢，我通常就會醒來！我在夢中清醒的部分只持續了很短的一段時間。在清醒夢裡，我感到很匆忙，因為我很害怕失去這段經歷！

目前，吉娜每年可以做三到五個清醒夢（不過她也承認，「如果我真的全心全意去做的話，可能會有更多清醒夢。」）。她把自己的成功歸因於一種非常有效的技巧：

如果我很早醒來——大約凌晨四點——我會利用這種情況，爬起來冥想半小時左右，然後再回去睡。每當我這麼做時，我都會想起鮮明的夢境和夢裡不尋常的現象。這也是我作大部分清醒夢的時候。

吉娜認為自己的夢境很狡猾，以極端真實的程度來呈現她熟悉的環境，讓她無法意識到自己是在做夢：

前幾天晚上，我發現自己在媽媽的臥室裡。我立刻就懷疑自己在做夢，然後我開始環顧房間，試圖找到一些可能的夢境暗示。不論我多麼仔細研究這個房間，它在每個細節上似乎都很完美。

然後，我發現一些我不敢相信自己居然忽略的事情。在真實世界裡，你可直接走到我媽臥室的窗戶前。在這裡，有一個五斗櫃擋住了它。意識到這一點後，我注意到了其他問題，包括一個總是顯示一點半的時鐘。

一旦她意識到自己正在做夢，她就利用夢境世界的靈活現實，參加自己最喜歡的娛樂活動之一：飛行。

在我的夢裡，我總是在掉落——事實上，我已經開始把長時間的慢動作掉落當作一個夢境暗示。大部分的時候，我可以把掉落變成飛翔，把非常可怕的情況變成美妙的情況。在一個非常早期的清醒夢裡，我成功地以驚人的速度穿越太空。那真的令人非常興奮！

不久之前，我夢到自己參加一個非常熱鬧的派對。當我一意識到自己在做夢，房間裡的其他人就消失了。雖然我掌握了足夠的控制權可以探索空蕩蕩的房間，我卻找不到出口，也沒辦法用我的意志力創造一個出來。

最後，我坐在沙發上，低頭盯著那張古怪的地毯來自娛。不久，地毯就消失了，我正穿越太空。還記得電影《星際大戰》（Star Wars）裡，千年鷹號進入超空間的那一幕嗎？就像那樣，星星變成了明亮的光帶。感覺就像坐了一趟移動式樂園裡的遊樂設施。

當我醒來時，我無法擺脫那種真的經歷飛行一樣的感覺。我很失望自己回到臥室！

吉娜也是某些清醒夢者之一，他們提到，在夢境世界裡的錯誤——不太正確的細節，例如擋在她媽媽臥室窗前的五斗櫃——可能代表了對現實世界的某些暗示。

在我夢見母親的臥室不久後，她決定處理掉房間裡的舊家具。下一次我去拜訪時，她給我看了她新的五斗櫃。她就把櫃子擺放在窗前！新的五斗櫃擋在窗前，就跟我夢到的一樣。

從吉娜的故事得到的建議和技巧

- **仔細思考正式計畫的價值**。吉娜選擇較為「悠閒的」方法來追求清醒夢，避開了正式計畫。雖然她取得了一些成功，但仍然沒有像自己想要的那樣經常做清醒夢。像吉娜一樣，你可能會發現，只要稍加專注，就能偶爾做清醒夢。如果增加這些夢的頻率對你來說很重要，你可能會想從一種較為隨意的方法轉向本書中描述的更有條理的方法。
- **堅持不懈**。夢中清醒需要時間才能實現。像吉娜一樣，剛開始你可能會覺得你的夢境企圖用逼真的環境和目眩神迷的伎倆來欺騙你。如果你在清醒世界中養成注意細節與執行現實檢查的習慣，你最終也會把這些習慣帶入夢境。有了時間、耐心，再加上練習，你將會更常達到夢中清醒。

- **當一種技巧失敗時，就試試另一種**。在夢境世界中，你的經歷只會受限於你的創造力。當吉娜發現自己找不到或無法創造出密閉派對的出口時，她改變了策略，坐下來欣賞精緻的地毯圖案。這樣做之後，她毫不費力地逃離房間。如果嘗試控制夢境失敗了，就改採她的技巧，把注意力完全轉移到其他事物上。
- **盡情玩耍**。清醒夢提供了絕佳的機會，讓你可以盡情享受各式各樣的刺激和幻想。飛行。以光速穿越太空。違抗自然法則。變成巨人……或縮小到顯微鏡才能看到的大小。即使你不相信，也可以透過前往遙遠的地方……甚至是遙遠的星球來嘗試靈魂出竅！對清醒夢者來說，夢境世界就是遊樂場。不論你想做什麼——就去試試看吧！

喬安娜：影像與見解

喬安娜．高爾吉洛．謝爾曼（Johanna Gargiulo-Sherman）身兼作者與藝術家，創造出廣受歡迎的神聖玫瑰塔羅牌（Sacred Rose Tarot）。她的清醒夢很早就開始了，其實她早已想不起來自己第一個清醒夢。不過，她確實記得童年時期的一個清醒夢，她覺得這個夢異常感人，同時也很強大：

我夢到自己進入一個明亮的白光世界。這個世界的入口就在我們家的老式冰箱的右側牆上。在門的另一邊有一張四柱床，上面鋪著白色蕾絲和上漿的棉布寢具。房間裡有一個老式的盥洗台，旁邊還有水罐和臉盆。我感覺非常舒適和愉快。

現在，她每個禮拜享受一到三個清醒夢；在她記得的夢裡，有九成五都是清醒夢。就跟許多清醒夢者一樣，喬安娜多年來採用了許多技巧來提升清醒夢的頻率。「放鬆技巧總體來說很有幫助，我也會利用音樂或特殊錄音來安排自己做清醒夢。當我面臨挑戰時，我會在睡前思索這個問題，然後在夢裡，我會得到答案。」此外，喬安娜聲稱：聯繫她所謂指引者可以提高她達到夢中清醒的能力。

就跟我採訪過的一些清醒夢者一樣，喬安娜相信她的清醒夢，雖然在一定程度上受到她的控制，可以並且確實在清醒世界中為她指引重要的方向。在一個清醒夢中，當她在一間古董店裡閒逛時，她遇到了一個獨特又引人注目的人：

在商店櫃檯後方是一個男人。他非常胖，看起來全身圓潤鬆軟，臉圓圓的，眼睛也又大又圓。我心想：「好奇怪的人啊！」當我上前介紹自己時，他也回報了他的名字「賽斯

（Seth）。」

因為覺得他很有趣，所以我選擇和他聊了一會兒。我們進行了一場有趣的談話，有一次，他停了下來並且給我一本書，書名有點奇怪：《他說》（*He Speaks*）。當我問他書名的意思時，他笑著說我很快就會知道了。

幾個禮拜後，我收到了朋友的禮物：一本名為《賽斯說》（*Seth Speaks*）的書。裡頭有賽斯的畫像——就跟我在清醒夢裡遇到的那個人一樣！

從喬安娜的故事得到的建議和技巧

喬安娜的經驗顯示出，你在追求自己的清醒夢時可以採用和測試的一些技巧：

- **創造舒適的靜居處**。在清醒夢裡，你的環境完全可塑——你可以隨意想像和創造。就像喬安娜在老家冰箱內側發現的舊式庇護所裡找到她的慰藉一樣，你可以召喚一個依照你個人需求量身訂做的祕密藏身處。你是否還記得一個讓你感到特別安全或充滿力量的地方？在你的夢裡重新創造它，把拜訪這個地方當作放鬆自己和振奮精神的一種方式。
- **探索放鬆的技巧**。喬安娜依情況改編許多放鬆技巧來輔助清醒夢，你也可以這麼做。如果某些音樂可以幫助你放鬆和入睡，請考慮使用它們來幫助你進入做清醒夢的狀態。你也可以在睡前播放你的肯定語或清醒夢目標的錄音。

- **融合你的信仰系統**。喬安娜提到，聯繫她的指引者是誘發清醒夢的一種方法。當在夢裡感到威脅時，她會利用現實世界的魔法，例如創造一個結界來確保她的安全。儘管你的信念和她的可能有所不同，你始終可以將個人的信仰表達融合到清醒夢中。例如，你可以利用祈禱來激發清醒夢，或是利用清醒夢去參觀聖地，或者回顧你信仰之路的重要時刻。

- **尋求指導**。在思索問題之後，喬安娜讓自己的夢提供答案。如果你面臨挑戰，你可以利用清醒夢去拜訪一位值得信賴的朋友、摯愛的親戚，或者甚至是專屬於你的精神導師。你可能會發現，精神導師經常會為解決現實世界的問題，提供有用、客觀，而且令人驚訝地富有洞察力的建議。

- **注意清醒世界和夢境世界之間的關聯**。早在喬安娜收到某人給她的那本書之前，她就遇到了「賽斯」，這本書據說是由同名的實體口述完成。在做清醒夢時，要記得夢中同伴所做的隱晦陳述或是提到的奇怪事情。這些東西在當時可能毫無意義……但是如果你將它們記錄下來，你可能會發現，夢中人物的評論和清醒世界的事件之間存在著某種關聯。

尼爾：克服恐懼

尼爾經常使用清醒夢的技巧來控制惡夢，並將它們轉換成更愉快的經驗。當遇到可怕的怪物，或被想要傷害他的夢境生物追趕時，他就透過「切換場景」來逃跑。

但是，在一場惡夢中，正當尼爾要轉換成更加安全的情況時，不尋常的事情發生了：

到那時，夢境已經變得相當複雜，充滿矛盾的細節。我像一隻羚羊在非洲三角洲上奔跑，渾身濕漉漉……但同時間，我知道我在科羅拉多州的丹佛市！我被一個由木頭組成的男人追趕，現在聽起來很傻，但在夢裡真的非常恐怖。他身旁還有幾隻兇猛的野狗。

當我在跑的時候，我跟許多我教過的孩子（現在他們大多數都長大了），還有幾位一起工作的老師和行政人員擦身而過。我忙著逃跑沒時間和他們說話……而且，每次我停下來，我的雙腳就會陷入泥地到小腿那麼深。

然後我注意到我的夢境暗示之一：我被困在一種迷宮裡。一旦意識到我在做夢，我就開始切換場景。在我要轉換之前，我聽到華特．克朗凱說：「留在這裡！你需要這個夢！」華特之前就出現過了，所以這並不稀奇。但他從來沒有告訴我該怎麼做，更不用說命令我留在一個特定的場景了。老實說，我有點嚇到了。我從來沒被告知不要改變夢境！

尼爾明智地採取華特．克朗凱的建議。他保持控制，但他沒有切換場景，而是決定不再逃跑。

當我選擇聽取華特時，我意識到自己站在地球上最肥沃的地方之一：丹佛的非洲三角洲！我被這個地方的潛力打動：豐沛的水源，茂盛的生命力、明媚的陽光和新鮮的空氣。我有種感覺，我必須在這完美的一刻過去之前，好好利用這些完美的條件。

同時，木頭人追了上來。當他靠近時，我可以看到他的身體不太結實；事實上，我可以看穿他。他走的越近，看起來就越小。當他走到我面前時，我可以看出他還是個孩子。我牽著他的手，一起看著三角洲上的野生世界。

尼爾意識到這個夢有特殊的意義，就把它詳細地記錄下來。在接下來兩個月裡，他覺得這個夢的含意變得非常清晰：

我喜歡教小朋友……這是我的熱忱和喜悅。在評鑑中，我經常得到最高的評價，並且很高興看到孩子們對學校和學習感到興奮。

不過，在校長告訴我必須放棄多年來的教學風格後，我離開了公立學校，開始為特定的考試而教學。（儘管事實是，我的孩子在那次考試中的表現已經比我們地區其他孩子好上幾乎三倍！）

在我考慮是否要回去教學時，我就做了這個夢。我想回去教室上課很久了，但我不敢這麼做。我擔心要為無法在「不讓任何孩子落後」的框框外思考的校長工作。我擔心同事們對我以前做的決定不滿。而且，老實說，我害怕自己已經不再是位好老師了……一旦我回到教室，我就會失敗。

最後，我認為，逃離教室時，我是在逃離自己創造出來的「木頭人」。當我站穩腳跟時，我的視角發生了變化，我突然可以看穿以前嚇壞我的東西。

夢中的環境也有意義。我透過去其他地方教書，在現實生活中「切換場景」。夢境告訴我，就在丹佛，我可能正處於地球上最肥沃的地方：一間教室！它充滿了潛力：夢想之水、生活的泥濘與成長，還有思緒清晰的新鮮空氣。這些都是完美的條件……但你必須在它們乾涸之前好好把握！

尼爾細心地注意到，這些頓悟不是在夢裡發生，而是在紀錄和反思之後：

我在夢裡並沒有意識到這一切。直到後來我才意識到，孩子們需要像我這樣的朋友來向他們展示三角洲的驚奇。用書本，數學技巧和科學實驗來填補那個浮木骷髏就是我的工作。

因為這個夢，我知道面對恐懼並不是件壞事。我可以克服自己的焦慮。我再次確認了自己對教育的憧憬。

兩個禮拜後，尼爾多年來第一次回到教室。

從尼爾的故事得到的建議和技巧

- **當危險潛伏時**，轉換頻道。清醒夢可以成為克服惡夢和恐懼的有力工具。尼爾「轉換頻道」的能力使他擺脫了帶著威脅的夢境壓力，讓他在夢境世界裡充滿信心。在你的下一個惡夢中，何不掌握控制權？把你的恐懼轉換成你的盟友，將毛骨悚然的背景換成更舒緩的環境。

- **注意夢境暗示**。尼爾在夢中，完全接受在科羅拉多州有一個非洲三角洲。甚至他幾年前教過的孩子們的外表——他現在都認識的許多成年人——都沒有讓他意識到奇怪或不尋常的事情正在發生。最終讓他在夢裡「清醒」但沒有從睡夢中醒來的是迷宮的出現——這是他反復出現的夢境暗示之一。透過詳細記錄並且熟悉自己的夢境暗示，可以大幅提高你達到夢中清醒的機率。

- **當夢境指引者說話時，傾聽**。隨著時間的推移，華特．克朗凱在尼爾的夢境中成為一個夢境指引者——一個經常出現並且提供有用建議的人。當你記錄自己的夢境時，可能會注意到某些人一次又一次地出現。那些長期定居在你夢境世界裡的人，經常會成為你的智慧和指導來源。即使你掌控了自己的夢境，也要仔細聆聽他們所說的話。

- **正視你的恐懼**。一旦在意識和潛意識層面上，當你意識到你在創造自己的夢境，就可以開始用新的，令人興奮的方式來處理夢境。

身為一個清醒夢者，你知道自己可以隨時「轉換頻道」。有鑑於這一點，你可能會發現，可怕的夢境並不像過去那樣具有威脅性。這種領悟可以給予你勇氣去面對你的恐懼……並且可能讓你的焦慮和揮之不去的疑慮有新的理解。

- **回顧和分析你的夢境**。寫夢境日記的其中一項樂趣，就是重新閱讀日記內容。在回顧夢境時，你可能會發現某些東西回想起來似乎是某種暗示……或者你可能會發現，你現在的經歷，其實對於那些過去那些令人匪夷所思的夢提供了解答。

梅琳達和凱圖達：謹慎的控制

梅琳達和凱圖達過著截然不同的生活。梅琳達是美國人；凱圖達是芬蘭人。梅琳達大體上是不可知論者，而凱圖達則自稱為一名女巫。不過，兩人在清醒夢方面都抱持著保守態度。

梅琳達在很小的時候就開始嘗試做清醒夢，主要是為了逃避一個反復出現的惡夢：

我在一片黑暗的森林裡，那裡有四棵高大的冷杉，它們的樹幹會形成一個正方形。當我走到中間時，大蜘蛛會從天而降，在樹幹間結網，把我困在裡面。最後，我開始思考如何才能擺脫這些惡夢。我記得我在夢中睜大了眼睛，試圖讓我真正的眼睛睜開。最後，我的眼睛是睜開了，但我依舊在睡夢中。（來自現實世界的）光線會滲透進來，最後把我真正地喚醒。

漸漸地，這種「喚醒技巧」變得越來越容易實現，梅琳達經常在夢境出現威脅或變乏味時使用它。不過，身為一個成年人，梅琳達很猶豫到底要不要控制自己的夢境：

如果我願意的話，我可以毫無困難地留在夢裡。我主要是利用清醒夢來探索生活中所面臨的情況，以及獲得清醒時無法得到的潛意識想法。

儘管我知道自己在做夢，但我現在並沒有真正去控制我的清醒夢。我經常認為夢裡有一些重要的訊息要傳達，我盡量讓自己去接收。尤其是在我人生中非常緊張的時期裡，我稱之為焦慮的夢，我想我的夢正努力解決內在的緊張（而我不想干涉這個過程）。

不過，我確實喜歡能夠將自己從無用的夢裡喚醒。

凱圖達在二十歲左右時做了第一個清醒夢。十六年後，她經常做清醒夢，但她不曾體驗也不渴望做到其他清醒夢者的控制程度：

我的清醒夢特別真實……很難分辨當下是否清醒。我記得讀過一本關於夢的書，看到一個人可以決定自己做的夢。對我來說，效果不太好。我的夢有它自己的進程，我唯一能造成的影響就是我的動作。換句話說，我可以做我想做的事，但夢不會「做」我想要它做的。我只能控制自己，但我可以做任何事。讓自己變成想要呈現的模樣，穿想要穿的衣物，以及去任何想去的地方。

我總覺得，如果我引導自己的夢，我會干擾大腦的精密機制，我擔心之後會引起麻煩。我在某個地方讀到，夢是大腦整理、安排和評估我們在清醒時遇到的所有資訊和刺激的方式。

這兩個人都可以在夢境狀態中達到清醒意識。即便如此，因為他們對夢境的內容和其潛在的治癒特性賦予極大的意義，所以他們不願意完全掌控夢境事件。

從他們的經驗中得到的建議和技巧

- **控制不是一切**。由於各種原因，你可能會覺得掌控夢境並不適合你。你可能像梅琳達和凱圖達一樣，決定滿足於知道自己何時在做夢。光是知道這一點就可能非常有用，這讓你可以特別注意自己的夢境而不影響其內容，讓你可以隨意「選擇退出」惡夢。
- **眼球不受限制**。在快速動眼期睡眠中，我們的身體肌肉癱瘓，很有可能是為了阻止我們將夢境表現出來。但是，控制眼球運動的肌肉不受這種癱瘓的影響，使我們能夠體驗到快速動眼期睡眠的特徵。像梅琳達一樣，你可以讓房間裡的燈亮著，讓這個「漏洞」發揮作用。如果你掌握了她的技巧，透過睜大你的夢中之眼來打開你真正的眼睛，你可以利用夜燈作為醒過來的可靠提示。
- **平衡意識控制**。特別是如果你覺得你的夢包含了重要的象徵、心理或精神訊息，你可能會對在「自由夢」（讓你的夢自行控制發展）和清醒夢之間取得平衡感興趣。你很有可能不用努力就能達到這種平衡，因為很少有人能達到全程的夢中清醒！不過，如果擁有一定數量的自由夢對你來說很重要，你或許可以考慮固定在一週中的幾個晚上激發自由夢。

- **做你覺得自在的事**。清醒夢狀態最棒的一點就是，可以跳脫支配清醒世界的嚴格規矩。我建議你將這種自由延伸到你對清醒夢的追求！與其思考用「對的」或「錯的」方式去體驗清醒夢，不如用找到適合你的（或有效的）方式來思考。不要覺得你必須完成某些任務或達到某種程度的控制，而要接受夢中清醒帶給你的任何機會。放鬆的方法會比緊張，壓力大的方法達到更好的效果。

馬克：充滿熱忱的實驗

正如我在前面幾章提到的，我對夢境和做夢一直都很著迷。本書的前言詳細介紹了我對清醒夢的實驗；在第五章和第六章中討論了我個人清醒夢生活制度的要素。這裡提供的建議和技巧來自於這些段落中描述的經驗。

來自我本身經驗的建議和技巧

- **記錄每個夢和夢境片段**。在你開始夢境日記不久後，你的腦海會在清醒時浮現模糊的夢境片段。「我當時在購物中心，」你會說。「但我只記得這些。這樣也要寫嗎？」沒錯！你寫下這個片段時，你會很自然地開始想起其他部分：「我當時在購物中心……買萬聖節的服裝……當某個會說話的娃娃開始給我一盒盒的糖果時……」就會出現在頁面上，讓日記發揮它的魔力。
- **不要編輯夢境日記的條目**。當你在寫夢境日記時，要記得你的目標並不是要得普立茲獎，而是想增強對夢境的回憶。擔心拼寫、標點符號和文法是不必要的。如果你寫錯了，不要擦掉，不要花時間和精力在煞費苦心劃掉的句子，不論你做什麼，千萬不要重頭開始。只要把夢境寫下來。其他都不重要。
- **前三十天不要看自己的日記**。回顧一個多月以來的日記條目會讓人大開眼界！如果你讓條目累積起來，你會對兩件事情感到吃驚。第一，你會驚訝有多少夢，在你記錄時是那麼栩栩如生，但現在已經消失，完全被遺忘了。其次，你會在夢裡看到一些模式，像是重複的主題、場景，人物和符號，這些都是你以前從未意識到的。

- **不要一次嘗試所有的技巧**。如果你對做清醒夢的渴望使你認為「越多越好」，你就容易犯下錯誤，試圖一次採取本書中的每個策略。不要這麼做！如果你的慣常程序很簡單，你就會堅持下去。所以請保持簡單。在前三十天裡，選擇專注在兩三個清醒夢的應用。以後你隨時可以再加入其他的。
- **要有耐心**。我天生偏好超過預期的成就，幾乎讓我完全沒有作到清醒夢。坦白說？當我著手做清醒夢時，我希望在一星期內作第一個清醒夢——最多兩個禮拜。回想起來，我知道這種想法可能對我不利，因為產生不適當的壓力而延誤了我的成功。所以請深呼吸……慢慢來。清醒夢值得努力……值得等待。

本章概述

當學習做清醒夢時，花點時間和清醒夢者相處是有意義的。你通常可以透過講習會，形上學書店，和整體健康中心與其他清醒夢者聯繫。對於缺乏這些資源的人來說，網路就是一個絕佳的替代聚會場所。

如果你找不到人分享你對夢境控制的熱忱，本章總結了五位截然不同的清醒夢者的經驗，包括從他們對夢中清醒的追求中汲取的技巧和建議。

下一步該怎麼做？

透過別人的親身經歷瞭解清醒夢之後，你可能會想探索那些經常享受清醒夢的人探索的應用。第八章將詳細介紹這些應用，以及幫助你獲得類似結果的建議和技巧。

現在也是一個探索夢境分析的好時機，不論是清醒夢或傳統的夢。第九章簡要但全面概述了關於進行自己的夢境分析時所需知道的一切。

第八章

清醒夢的應用

到了某個時候，你會開始定期做清醒夢。頭幾次讓你感到不可思議的夢中清醒活動，例如飛行、變形、改變大小，改變周圍的世界，這些現象可能會越來越頻繁而失去吸引力。跟許多清醒夢者一樣，你可能會想要來點新的挑戰。

本章會分享十一個清醒夢的應用，像是其他可嘗試的活動、可實現的目標，以及可進行的實驗。除了來自真實夢境的例證外，你還可以找到當你在自己的夢境中嘗試這些應用時可以派上用場的特定建議和技巧。

探索另一種現實

我自己的夢——不論是清醒夢還是自由夢——場景經常發生在我清醒世界裡有點失調的地方。有時，我覺得我在偷偷探索另一種生活，一些具備不同機會、巧合和選擇下的生活。

其他人也有一樣的想法；例如，在我夢境研習會上的一對夫妻，他們相信自己的夢經常「調和」到另一種現實。其他清醒夢者也提到了這樣的經驗：

我和朗達結婚八年了。但在大學時，我和凱琳約會了一年多，我們都相信彼此最後會在一起。有一次（我還是不知道當時自己在想什麼），我背著凱琳和另一個女人出去。她知道這件事後，就解除了我們的婚約。

我不只一次利用清醒夢回到大學時期和凱琳在一起，我仍然對她有意思。我也喜歡利用清醒夢複製我的人生，但在這裡，我的太太是凱琳。我只是想看看會是怎麼樣的人生。

——凱斯，三十六歲

我最想成為一位藝術家，甚至還申請了藝術學校。但是母親生病了，所以我留在家裡，而這些都已經成為往事。但是我利用我的夢境回到過去，讓母親變健康，看看如果當初我保持對自己的承諾會是怎麼樣的生活。

回顧我寫的東西，看起來有點病態或令人沮喪。不是的。事實上，看到自己在成為藝術家的那些夢裡有多開心，讓我思考，也許現在去讀讀看藝術學校也還來得及。

——葛溫，三十一歲

我大部分的夢都發生在家裡或辦公室。當我意識到自己在做夢，重新安排事情很有趣。我通常會是老闆，我把辦公室設在五樓的角落，在那裡我可以看到熟食店和電影院。我在那間辦公室做了很多工作。雖然聽起來很奇怪，但不論是在我的夢裡或工作中，我有時都會覺得自己確實屬於那個空間，或者我在某一世曾經去過那裡，又或者在結束之前我將會去那裡。

——貝絲，四十七歲

建議和技巧

冥想。當你在入睡時，讓思緒回到那些改變生活的時刻。在你的心靈之眼中，讓自己做出不一樣的決定：去不去那個約會，接受或拒絕那份工作，在上大學前的那個夏天留在家裡或者不留在家裡……

透過你的心靈之眼，讓自己盡可能詳細地看見新選擇的影響。你遇到什麼人？你永遠不會遇到什麼人？你會去什麼地方？你會做哪些事？你的生活會有什麼不同？

讓這些細節成為你下一個清醒夢的藍圖。一旦你獲得控制，就改變背景和人物，做你想做的改變，看看接下來會發生什麼事。也要記住，你可以隨時「快轉時鐘」，看看新的選擇會把你帶到什麼地方。

穿越鏡子。調整現實檢查的技巧，在一天中偶爾停下來看看你是否已經從這個世界轉移到另一個世界。尋找顯示出你已經轉移的小細節：拼寫不同的字，帶著編輯過細節的照片，或者看起來很熟悉的人，即使你從未見過他們。

在你的下一個清醒夢裡，尋找類似的夢境暗示。一些顯示出，即使周圍的環境和清醒世界很類似，但卻與神智清醒的現實有顯著不同的跡象。如果你願意的話，就召喚一個可以讓你「穿越鏡子」進入平行世界的入口。在保持意識的同時，看看這另一個現實會呈現出什麼樣的型態和形狀。

超越身體的旅行

凱斯．哈雷（Keith Harray）和潘蜜拉．溫特勞勃（Pamela Weintraub）所著的《在三十天內做清醒夢》（*Lucid Dreams in Thirty Days*）一書，因為時常將清醒夢與星際旅行、追求靈魂出竅等目的綁在一起而遭受批評。

雖然我個人沒有星際旅行或靈魂出竅的經驗，但許多參加我的夢境研習營，以及和我分享他們清醒夢的人，都聲稱有過這樣的經驗。其中有許多人將這些經歷與夢中清醒的實現連結起來。

在我的夢裡，我的腳因為某種原因無法落地。我把這一點當做我的夢境暗示。所以這次我一開始做夢，我就停下手邊動作，文風不動地站著。為了做夢境測試，我決定試著往上飄過天花板。

我對接下來發生的事情毫無準備，我的確上升了，但是我很清楚我是被「拉開」的。

我的靈魂從身體出來。感覺我像是某種溫暖又光滑的東西，就像一段從塑膠塊外殼拉出來的絲布。在我瞭解現在該做什麼之前，我就在自己的身體正上方飄浮，低頭看著自己。

一開始，我驚慌失措到幾乎要被彈出夢境。我很擔心如果我醒來時靈魂不在身體裡，我可能就找不到回去的方法。所以我開始原地自轉，試著要留在夢裡。結果我成功留在夢裡，但還是不在自己的身體裡。

然而在克服恐懼之後，我發現自己可以四處移動，甚至離開房間。我有一種感覺，我的身體會等我，我出去的時候它在睡覺，我回來的時候它會在那裡。所以我在附近蹓躂一會兒，所有東西似乎都被凝結了。我想知道，靈魂離開我的身體是否讓時間靜止了。

回到我的房間，我對準自己的身體慢慢往下飄，又回到我的身體裡。即使是在夢裡，回到我的肉體也讓我感到沉重和笨拙——癱瘓了一半。在我喚醒自己之前，我確保自己的手臂和手腳都可以正常運作。

——黛安，四十七歲

小時候，人們說一九九七年我們會殖民月球時，我還真的相信了。成年後，我對於我們在太空旅行沒有進展感到失望。我冥想時常會看到星空。在一次清醒夢裡，我也想要看到同樣廣袤無垠的宇宙，所以我說：「我要去太空。」

我不但看到星星，還突然以驚人的速度穿越它們。起初我並不喜歡這樣，因為我感覺自己彷彿不斷墜落。不過最後，我發現自己可以隨時改變方向和速度。

從那之後，我已經做了數十次的「星際航行」——這可能是我最喜歡做的事情了。能夠離開我的身體，將自己投射到遙遠的地方，是我能夠控制夢境最棒的事情之一。

——貝瑞，四十一歲

建議和技巧

清醒的冥想。做為清醒冥想練習的一部分，試著把自己投射到一個遙遠的空間。利用清醒冥想來練習在身體束縛之外感到舒適，並且逐漸習慣於在沒有身體束縛的形況下四處走動的感覺。

如果你不常冥想，可以用專注的白日夢或生動的想像來代替，達到相同的效果。連續幾天，盡可能生動地想像自己在身體外面以及遙遠的空間裡。光靠意念在這個空間裡到處走動，跳脫要靠手腳才能改變位置和視角的想法。

下一次你達到夢中清醒時，回想你在清醒時嘗試的出體旅行的感覺。在你的夢裡，重新創造這些條件。你可能會發現在這裡，在夢境中，這種感覺遠比在冥想或想像練習時的感覺強烈得多，所以請做好準備，一開始你可能會感到不知所措。

個人投射。在你的下一個清醒夢裡，何不試著往前再跨一小步，向星體投射邁進？把自己放在一個安全舒適的空間裡。然後，在小心翼翼保持夢境現實時，開始「旋轉」你的星體身軀。（一位女性提到，她想像自己的靈魂看起來像龍捲風或漩渦，意識集中在「眼睛」。）

感到自信和專注後，試著將你的意識轉移到夢中身體的範圍之外。有些人發現，生成生動的影像很有效——例如，想像他們的頭像鉸鍊式容器一樣打開，或者他們的胸腔像櫥櫃一樣打開。

當你溜走時，回頭查看一下你的身體。它看起來怎麼樣？感覺如何？你能察覺到哪些自己不在的跡象？同時也要注意你無實體形態的感受。召喚一面鏡子來到你的夢中，當你在身體之外的時候長什麼樣子？（如果有的話）答案可能會讓你大吃一驚。除此之外，也會獲得一些在現實世界中派得上用場的洞見。

夢境目的地。利用明信片、雜誌上的照片或網路上的圖片，為自己建構一個夢境目的地。結合你最喜歡的幾個地方的要素。如果紐約在佛羅里達海岸的海灘上呢？要是你家附近是巴黎的郊區呢？如果你現在的家被花園、山脈、雨林，或是綠意環繞的瀑布所包圍？要是你望出去的天空景色包含多個衛星，太空平台的遙遠燈光，或是涅槃的金色雲彩呢？

把你的圖片拼起來（或者，如果你願意的話，寫下來，畫出來，或是建立一個模型）把它放在床邊做為你的夢境象徵物。入睡前，至少花十到十五分鐘，把你的注意力集中在你的目的地上。在那裡會有什麼感覺？你會做什麼？你最想探索目的地的哪個方面？那裡還會有哪些人？

在你的下一個清醒夢裡取得絕對的掌控，並且盡可能生動地在夢裡重新創造你的夢境目的地。你可能會發現，就像一些清醒夢者一樣，你在清醒世界中對這個地方的努力記憶，將有助於你在夢中透過驚人的細節把它重新建構出來。

與逝去的人交流

我們的夢經常會揭開陰陽兩界間的面紗。我的父親已經去世十五年了，他經常來到我的夢裡。朋友們告訴我，逝去的父母、兄弟姊妹，甚至是素不相識的祖先，都會到訪他們的夢境。

有些文化很看重這些探訪，在夢裡出現的逝去之人，被認為是離開這個世界到另一個世界的人的真正靈魂。

有些人相信夢境真的能夠讓逝去的親人與我們直接交流，而其他人則對這些經歷視而不見，認為這只不過是日有所思，夜有所夢而已。

這究竟是現實還是幻想？說到底，答案或許也無關緊要了。在夢中見到我的父親後，我除了感到安慰，也覺得自己和他更加親近。他給我很好的建議。我醒來時感到更快樂也更自在。對我來說，這些益處遠遠超越了任何實際體驗到客觀現實。

在夢裡，我在我們公寓後方的草地上遛狗。這是在一天中，即將入睡的最後一次散步，整個城市非常暗也非常安靜。月亮高掛於天空，我正仰頭看著星星。

突然間，我意識到，儘管時間已經很晚了，周圍的樹木和建築物卻像白天一樣被照亮，雖然天空一片漆黑。馬上，我知道我在做夢。過去幾個禮拜以來，我一直希望夢到我的父親，所以我想起了他，想像他正朝我走來。

就在那一刻，他從公寓的轉角走了出來，面帶微笑，吹著口哨，並且把口袋裡的鑰匙和硬幣弄得叮噹做響（這是他的習慣）。他看上去就像他去世時的年齡，或者再年輕一點。他擁抱我。即使我在許多其他清醒夢中安排這種會面，但還是我對這種經驗的徹底現實感到驚訝。他的力量，他的溫暖，他的味道——關於他的一切都很真實。

隨著時間的流逝，我們已經不在後院了；我們坐在我認為是巴黎（Paris）的一條街上的咖啡館。儘管如此，我還是專注在與他保持連繫，我們設法進行一個長時間的談話，關於我在生命中面臨的決擇。

——馬克，四十一歲

自從我出櫃後，我和姊姊一直都想知道母親對於我是女同性戀這件事有何看法。我姊姊是一個清醒夢者——她一直都是。某次她做清醒夢時，特意去尋找母親，在她工作的花店裡找到她，並且詢問她這件事。

姊姊說母親完全不理會這個消息。「我不在乎，」母親說。「那種事在這裡不重要。」姊姊一次又一次地想知道更多細節，但母親就是不聽。「那不重要，」她不停說。「我們談談別的事吧。」

雖然姊姊很失望，我卻覺得這聽起來就像母親，從已經去世的角度來看，會說和做的事。我深信她已經做了某種真正的接觸，而沒有人能告訴我別種答案。

——派特，五十三歲

建議和技巧

祖先的祭壇。透過在床頭櫃擺上想要聯繫的以故親友的照片，來調整夢境象徵物。如果你有屬於他的私人物品，或者他送給你的禮物，也可以將這些東西放在上面。蠟燭、薰香，又或是用柔和的燈光增加氣氛。（如果使用蠟燭，請務必在入睡前將其熄滅。）

在入睡前，邀請這個人進入你的夢裡。你可以嘗試和他默默交流，在內心進行某種禱告。你也可以想像你們兩個見面聊天。

一如既往，目標是盡可能清晰，生動地看到這一刻。當你睡著時，輕輕地將注意力轉移到這個畫面。不要用強迫的方式，只要告訴自己，再見到這個人有多麼美好。

注意夢境暗示。一旦你看到一個暗示，或者一旦你能夠夢中清醒，就想著你的朋友或家人。用意志力讓這個人出現，呼喊並邀請他出來見面。重逢後，你可能會發現把你的意識集中在保持聯繫上會有幫助……即使這麼做會使夢境背景散去。

寫信。一位年輕人和我分享了這個技巧：每次他試圖在清醒夢裡遇到祖母之前，他會寫一封信給她。在信裡，他表達了他需要幫助的問題，或者描述了生活中發生的事情。寫完後，他把信放入信封。有時候他真的會寄出空白信封。其他時候，他把信封放在枕頭底下或擺在她的照片旁邊。

「這封信往往會出現在夢裡，」他說。「一旦我意識到自己在做夢，我就會去找祖母，把信封交給她，然後她會開始讀。有時候她早就知道裡面的內容。對我來說，寫信在十次中有九次可以讓她來到我的夢裡，也可以幫助我記得去找她。」

諮詢夢境指引者

對於那些相信的人來說，夢境指引者可以成為強大的盟友、支持者和顧問。夢境指引者指的是在夢中世界裡，那些似乎具有獨特洞察力和智慧的人類、靈性存有或動物。對許多清醒夢者來說，掌握清醒夢最主要的優點，就是能夠隨意召喚和諮詢夢境指引者。

我把我的父親視為夢境指引者，經常尋求他的建議。

當我做清醒夢時，我喜歡去穆爾紅木森林。有一次，當我漫步在樹林裡欣賞高大的紅木時，一隻狼從灌木叢中跳了出來，擋住我的去路。一開始我嚇了一跳，我開始把牠變成其他東西，但是牠的表情讓我愣住了。

我以前在夢中看過動物，但這隻狼讓人感覺牠是有意識的，甚至是古老的。牠想來的時候就來，不一定是我召喚牠的時候（我創造過其他的狼，但無法召喚出這一隻）。每次牠出現時，牠會哀鳴並且踱步，要我跟著牠走。牠總是帶我去看一些重要的東西，像是一張照片或一個地方。我幾乎總是會在第二天看到那張照片或那個地方。

——凱爾，四十八歲

我開始參觀起這個我夢到自己身處沙漠時偶然發現的地方：一座帳篷宮殿，裡頭有厚厚的地毯和大枕頭。裡面有三個人，牠們身穿珠寶長袍，戴著大頭巾。聽起來很瘋狂，但我開始把他們當做我的私人顧問。我的意思是，他們好像早就在那裡等著我出現。

只要我一到那裡，他們總是會拿出菸斗歡迎我，並且請我說話。我曾經嘗試帶他們去其他地方，但他們告訴我不要這麼做，所以我就描述我的情況，接著他們會給我一些處理工作或家務的建議。妙的是，他們的建議通常都很不錯。

——史蒂芬，二十二歲

建議和技巧

塑造你的指引者。你可以利用拼貼畫、繪畫、素描，或者其他視覺藝術來塑造你的夢境指引者，創造一個夢境象徵物放在床邊。當你逐漸入睡時，冥想這些象徵，可以幫助你在進入清醒夢時，記得創造並諮詢你的夢境指引者。

或者，你也可以考慮做以下這個簡單的練習：

在一張紙上畫出兩個欄位的表格。在一其中欄寫下你的夢境指引者的個人形象。對方長什麼樣子？穿什麼樣的衣服？他的形狀是？他喜歡什麼環境？

在另一欄寫下夢境指引者的特質：個性、行為舉止、幽默感、狠有耐心等等。你的夢境指引者該採取什麼樣的行動？他的動機、期望、恐懼和偏見是什麼？

在形塑出你的夢境指引者後，每天至少花十五分鐘想像與對方的互動。如果你遇到問題，就問「我的夢境指引者會怎麼建議？」養成想像和諮詢指引者的習慣；這麼做之後，你會更容易在下一個清醒夢裡召喚到指引者。

寧願接受宇宙帶給你的任何導師嗎？那麼傳達你的願望，並邀請對方來到你的清醒夢裡，對你所經歷的一切保持開放的心態。

指引者確認。還記得現實檢查如何透過促使你尋找夢境暗示來幫助你記得去評估周圍的世界嗎？指引者確認也可以達到相同的效果，使你去注意夢境指引者的出現。

在你的一天中，特別是在觀看人群時，停下來問自己「那個人（或動物）有可能是我的夢境指引者嗎？」認真地思考這個問題。這樣的指引者會給我什麼樣的建議？如果這個人或動物真的以你的指引者身分出現在夢裡，他會採取什麼行動？

習慣是關鍵。在你持續這個練習一段時間後，你最後會在做夢時提出夢境指引者的問題。一旦意識到自己已經入睡，你可以接近你剛剛發現的夢境指引者……或召喚一個依照你個人需求設計的夢境指引者。

夢境交流實驗

如果你知道朋友或家人也在追求清醒夢，你或許會想測試看看，把清醒夢當做一種交流的方式。

概念很簡單。你和你的同伴，兩個人都要是清醒夢者，每個人都寫下一個簡短的三字或四字訊息。最好的訊息應該要不常見且令人難忘的；避免使用容易預測到的用語

（「我愛你」或「是我」）。

在清醒世界裡，你們應該對這些訊息保密。只要你做到夢中清醒，就刻意去尋找或召喚你的同伴。在夢裡交換彼此的訊息。訊息交換後，就把自己喚醒並且立刻記錄下訊息。

我的男友和我嘗試了幾次在夢境中交換訊息。當我們一起躺在床上時，我們也在夢中聯繫，這感覺很妙。

我做清醒夢的次數比他頻繁，這讓事情變得更困難。我已經在清醒夢裡找到他兩次。這兩次，我都給他一個訊息，他似乎明白我在做的事，但當他醒來後，他完全不記得有做夢，不管是不是清醒夢。

我很想看看如果我們在同一個晚上做清醒夢會發生什麼事。

——麗莎，二十一歲

我的個人目標是和住在舊金山的表妹實現夢境交流。每當我做清醒夢時，我都會想像去她家拜訪。在夢裡，我總是嘗試告訴她一些她可能記得的事情，然後第二天打電話給她，看看她是否記得。

有兩次，她夢到我的時候，我也在清醒夢裡夢到她。她甚至夢到我傳遞一個訊息給她，她收到訊息並且感到高興，但是她醒來後卻想不起訊息的內容。不過，儘管她說她覺得會做這個夢是因為我們已經講過很多次……而不是因為我真的在夢裡遇見她。

我們會繼續嘗試。我做過得知她很難過的夢，也做過得知她需要我的夢。如果我們堅持下去，我們實現在夢裡交談的目標也是不無可能。

——寶拉，四十七歲

建議和技巧

形象化。如果你決定採用訊息交換技巧，請每天花幾分鐘時間仔細想像交換的情況。

在你對訊息內容保密的同時，你們兩個都應該想像聯繫這件事。與其想像同伴傳遞的訊息的實際內容（你不會想讓自己習慣看到某種訊息），不如讓自己感受成功交換訊息帶來的興奮與自豪。

夢境象徵物。寫下你的祕密訊息，放入信封封起來，並且把它放在床邊或枕頭下。每天晚上睡覺時，拿著信封，對自己重複幾次訊息。提醒自己訊息就在附近，想像自己找回訊息並將它傳遞給同伴。

行程安排。除了撰寫要分享的訊息之外，你和同伴還可以約定在夢中見面的特定地點和時間。選擇一個你們都能容易想像的地方。每天晚上睡覺前，和你的夢境同伴聊一聊，談談你們的碰面計畫，並且在你入睡的同時冥想著碰面。當你達到夢中清醒，召喚你們的碰面地點並且創造出你們在清醒世界中同意的條件（時間，天氣等等）。

夢境分析

對傳統夢者來說，夢境分析一直是一種消極的練習。做夢的人在夢的擺布下，遇到了一連串的象徵或符號。做夢者或治療師根據心理狀態、神話或個人系統來分配含意，依照事實來解釋這些象徵或符號。

清醒夢提供了可以更積極參與夢境分析過程的機會。清醒夢者不必在夢境結束後猜測意義，他們可以控制並且採訪在夢中遇到的人，實體，和物體，直接問「你的意思是？你有什麼訊息要傳達給我？」在夢中清醒的狀態下，可以重新創造和重溫那些令人不解的夢，讓做夢者在閒暇時間可以尋求更多訊息。

我正在做一個典型的惡夢，伴隨著上升的水位和某種感覺巨大卻又看不見的東西從黑暗中向我靠近的聲音。我經常做這個夢，它已經變成了一個夢境暗示。有時候我會想：怎麼又做這個夢。但我不會在夢裡清醒……我只是蹲下來，為即將發生的一切做好準備。但是這一次，我意識到我在做夢，我決定嘗試一些不同的事情。

當砰砰聲和撞擊聲越來越靠近時，我大喊：「你到底是什麼東西？出來讓我看看啊！」一切都安靜了下來，甚至是水聲。當我再次大喊我的問題時，我聽到一個很遙遠的聲音，幾乎是回音，說著：「明天吧。」

我把水位上升的夢當作壓力宣洩，但我從來沒有真正注意到它有多常和銷售季度末同時發生。

我對這件事感到那麼大的壓力實在是太荒唐了，因為我每次都有達標，但是聽見別人在說他們沒有達標總是讓我嚇壞了。這個季度的最後一天事實上就是隔天。

自從我想到問那個問題之後，我就再也沒有做那個夢了。

——凱斯，二十四歲

大多數的清醒夢書籍都強調更常見的清醒夢練習：飛行和性行為。當我開始和人們談論他們的清醒夢時，我很驚訝他們提到的各種應用。我開始在想，如果有人傾向利用清醒夢去探望逝去的親人，這意味著什麼？如果有人在沒有任何限制或不會造成任何影響的情況下，有機會做任何事，卻選擇將大部分的時間花在外太空，這意味著什麼？

回顧我自己的清醒夢記錄，我發現自己一次又一次地回到兩種消遣活動：和失去聯繫的朋友見面，以及前往國外。在我的清醒生活中，我認為我的清醒夢指出了兩個重要的問題：一是想擴大我的朋友圈，二是我對目前的住所感到非常的不滿。這兩件事都是我可以做出一些改變的，但是如果我沒有回顧自己的清醒夢記錄，我就不會覺得它們很重要。

——馬克，四十一歲

建議和技巧

現實檢查。當你在清醒世界中遇到一些不尋常的事情時，養成習慣提問：「這代表什麼意思？」除了使你意識到清醒生活中，相關的事情在同步發生（有意義的巧合）之外，這樣做還更可能讓你在清醒夢中，對相同的對象和事件提問。

記住：現實世界中的規則並不適用在清醒夢裡。你可以對著無生命的物體，動物，甚至是環境提問——並且期待得到答案。基於這一點，你可以超越單純地想弄明白「這是什麼意思？」，而讓自己期待得到答案。

記錄夢境日記。許多人擔心做清醒夢會干擾我們接收潛意識傳達的重要訊息。不過，即使是清醒夢，也可以提供關於你的個性，心理，和性格的重要見解。

當你做清醒夢時，你會做哪些事？你會去哪裡？你會選擇和誰見面？對這類問題的答案進行分析，就跟對更傳統的夢境內容做分析一樣容易……而且也同樣具有啟發性。

記錄夢境日記幾個月後，回去只重新閱讀那些和清醒夢有關的條目。你有發現什麼模式嗎？你能從中獲得什麼見解嗎？

療癒自己

清醒夢具有極為生動的影像和模擬任何現實的能力，可以做為療癒身心靈的強大工具。

多年來我一直在和高血壓搏鬥。在我的清醒夢裡，我創造了一個私人空間：非常平靜，非常令人安心，非常安全。當我做清醒夢時，我總是去那裡，坐在面向大海的窗前，然後冥想。

我也會在清醒時冥想，但當我在夢裡冥想時，我往往會從枕頭上升起，輕輕地飄在空中。這種感覺非常不可思議——讓人得到解放，非常放鬆。在那幾分鐘內，我擺脫了重力的束縛，感到完全的平靜。

當我從這個夢醒來時，我覺得自己像在水療中心度過了一個禮拜。我的血壓比以往任何時候都好。

——菲莉莎，三十四歲

幾年來，我一直使用引導形象化來控制疼痛。在清醒夢裡，我還可以採取進一步的行動。與其看到我想治癒的部位，我可以直接到那裡去。我可以進入我的關節，消除發炎。對我來說，這比銅手鐲更有效。

——珍妮絲，五十七歲

已經過了二十多年了，我們後來都失去了聯繫。不過，我一直回想起我的摯友艾蜜和我在大二時的那場爭吵。在那之前我們像姊妹一樣，但之後卻老死不相往來。多年來，我一直想挽回這一切，承認我做錯的地方。我想要知道艾蜜後來過得如何，但一直找不到她。

在一個清醒夢裡，我回到了過去，我沒有像當時那樣煽風點火，而是向她承認我做錯了什麼。在夢裡，她非常通情達理。當我醒來後，我的心情比多年以來的狀況要好一點，而且我也覺得艾蜜來找過我了。

我現在知道，當我真的見到她時，我會備好說出很久以前就應該說的話。

——翠絲，三十九歲

建議和技巧

肯定語。當你持續追求清醒夢時，把健康相關的肯定語納入日常生活的一部分。說出：「我期待看到並減輕痛苦的根源」或者「我可以在做夢的同時，集中精力並治癒自己」讓你在達夢中清醒時，準備好去追求這些目標。

形象化。在清醒世界輔助治癒的形象化和冥想，同樣也可以用來激發專注於健康的清醒夢。每天花十五到二十分鐘，盡可能生動地想像你所渴望的與健康相關的清醒夢。

想像你做一個夢，發現了夢境暗示，達到了夢中清醒，並開始控制夢境。想像你一旦達到夢中清醒，就去拜訪某個時點，地方，或者身體中變得毫無用處或不健康的區域。採取適當的行動，並且透過探索在清醒夢裡實現這個目標時你會有多滿足來結束冥想。

夢境象徵物。當你所渴望治癒的是某一段關係，夢境象徵物會特別有效。做一個拼貼圖，找一張照片，或拿出與你希望和解或對峙的人相關的個人物品。把拼貼圖或照片裱框，或者把和哪人相關的物品擺在床頭櫃。

每天晚上睡覺前，把東西拿在手上，然後花五分鐘想像與它相關的人。當你遇見那人時，你會說什麼？你會怎麼做？你想問他什麼？你想得到什麼答案？

當你漸漸入睡時，把注意力集中在這些問題上。

惡夢管理

惡夢與清醒夢截然不同：充滿恐怖、威脅或痛苦的夢，將做夢者囚禁在自己創造的黑暗現實中。惡夢把夢境的巨大潛能——任何事情都有可能發生的想法——轉變成對我們有害的事物。

我們遇到的怪物、我們遭受的損失，以及我們在惡夢中所承受的痛苦都太真實了。即使在我們醒來後，我們還是驚魂未定，可能需要花幾小時甚或好幾天才能恢復。

清醒夢為我們提供了面對恐懼的新工具。透過控制我們的惡夢，我們可以改變夢中環境，刪除威脅因素，並解決可怕的角色。我們可以召喚保護者……或者改變我們自己，讓我們能夠迎接並克服惡夢帶來的挑戰。

在整個童年裡，我一直受惡夢所困擾：被追趕、綁架，被強壓制伏，還有窒息的可怕惡夢。在早期，我就學會了用揉眼皮的方式來「轉換頻道」的技巧。

當我的孩子很小的時候，我教他們做一樣的事。我的兒子採取更進一步的行動。他會回去睡覺，並召集一群填充玩偶來趕走他的怪物。

——凱西，三十五歲

當我獨自一人住在一個新城市時，我總是夢到入侵者闖入我的房子。我會歇斯底里地醒來，深信剛剛有一個黑影走進房間，就在我的床邊若隱若現。鄰居說他們聽得到我在尖叫。

我記得大學的時候做過幾次清醒夢，一個聊天夥伴建議我試著去控制夢境，而不是被它傷害。前兩次都沒用。我癱瘓在床上，睜大眼睛，看著那個人靠近。

我不知道為什麼——也許我已經習慣做這個夢了——但下一次我又夢到時，我對自己說「好吧，這只是一個夢。」就這樣，我的內心深處放鬆了。真的就像內心某個扭曲的東西得到了釋放。在夢裡，燈亮了。我意識到我有多想念我的室友，於是我將入侵者變成了他。

我再也沒有做惡夢了。

——克里斯，二十二歲

建議和技巧

形象化。對於反復出現的惡夢特別有用，（在清醒時執行的）形象化讓你可以從清醒世界安全的環境中，練習掌控惡夢。

閉上眼睛，放鬆身體，喚起你的惡夢。盡可能詳細地重現夢境，特別注意你在釋放惡夢時的感受。惡夢在什麼時候開始變得特別危險或痛苦？你的脈搏什麼時候開始加快？什麼時候呼吸開始急促？你在什麼時候感到不安全或害怕？

確定那一刻之後，恢復平靜再重溫一次夢境。然而，這一次，在最緊張的時刻，想像掌控夢境並且擊敗任何威脅的因素。打敗怪物。把攻擊者變成一隻友善的小狗。擦去坍塌的橋，換成一片寧靜的森林。

許多做夢者發現，將他們對控制的掌握與特定的身體信號配對——豎起大拇指或伸出食指——特別有效。當他們掌管想像中的惡夢時，他們用真實的手來執行手勢。

在時間的允許下，盡可能經常執行這種清醒的形象化。最終，當你在夢境中遇到惡夢時，你會反射性地執行身體信號，從而控制夢境。

夢境象徵物。與其創造一個代表你渴望經歷清醒夢的夢境象徵物，不如試著製造一個反映你控制夢境能力的夢境象徵物。把夢境象徵物放在床邊，做為你夢中清醒成就的視覺提醒。

在清醒的時間裡，每當你感受到輕微的威脅或壓力時，養成想到夢境象徵物的習慣。想像自己拿著它；想像用它來控制局面，阻擋任何困擾你的事情。

當你漸漸入睡時，輕輕地把注意力移到腦海裡的夢境象徵物。帶著這個影像進入夢境世界，運用它來對抗任何威脅到你的力量。

儀式。當你還在惡夢裡時，對惡夢的情況做出反應，這是很有挑戰性的。當你被追趕或受到威脅時，你可能沒有辦法發揮出最大的創造力。

儀式拯救一切！在清醒的時候，就建立一個普遍的反應，當你面臨惡夢要素時，你會一次又一次施展的反應。例如，你可能會決定永遠把怪物變成可愛的兔子。你可能會決定，當受到威脅時，你會總是飛走。你也可以選擇想像一個簡單的，能夠瞬間撤退到那裡的「安全空間」。

用形象化的方法練習這個儀式；在清醒世界，想像自己利用這個儀式來處理尷尬或危險的情況。最終，你會在惡夢裡回想起有利於你的儀式。

前世回溯

你相信輪迴轉世嗎？有些人堅稱，利用清醒夢倒退回到出生那一刻之前，可以讓他們瞥見前世。其他人則堅信這些「前世」夢比個人的經歷更能洞察個人心理。無論是哪種情況，找回前世都可以為你帶來強大，情緒激動的體驗。

我就在一個中世紀村莊外面。從我站立的小山上，可以看見一圈狹窄的茅草屋頂房子，圍在一個泥濘的水井周圍。有幾間房子有煙囪，可以看見那些煙囪冒出稀薄的灰煙。早晨灰濛濛的，雲霧繚繞。我覺得很冷。低頭一看，發現我穿著一件鞣製的獸皮大衣，立刻意識到自己在做夢。這對我來說是一種很奇怪的感覺，因為即使我知道我在做夢，我也感覺很自在。在這個寒冷潮濕的早晨，這麼早登上山頂，有一種對的感覺。

我以前來過這裡好幾次。這是一座我經常在夢裡來到的城市和山坡。但並非總是這個時候。一年中的天氣和時間都在變化，村莊有時候更小，有時候更大，但我總是能認出來。

我知道這裡的人都叫我「鞣皮工」。我也知道，這一天，我應該在這座山的另一邊和其他幾個人見面。

我登上山頂，我可以看見其他人在等我，他們剁著腳，把重心從一腳換到另一隻，努力保暖。像我一樣，他們都留著鬍子，身材粗壯結實，除了一個肌肉發達，我以前看過幾次的討厭男子。我一看到他就怒不可遏，好像我一輩子都對他懷恨在心的樣子。

因為我知道我在做夢，所以我想過要飛到他們那裡，這是我喜歡做的事情。但是，我突然意識到，這樣做是不恰當的。——因那些人可能會受到驚嚇或害怕，又或者我根本飛不起來。所以我跋涉下山。當我走近時，我看到每個人都拿著一根長棍子，棍子末端好像有個繩環。我從來沒有在現實世界中看過這種東西，但我立刻就知道，那工具是某種捕捉兔子的圈套。

果然，我一到了之後，他們就開始幹正事：在泥濘的草地上跋涉，用棍子敲打地面嚇唬兔子。我們做得像是一輩子都這樣捕獵兔子般地迅速和輕鬆。即使在我醒來後，我也能感覺到兔子在我圈套裡重量和緊迫感，我仍然擔心牠會逃脫，然後我今天就沒肉可吃。

——葛倫，三十八歲

我做的夢太可怕了。是一個銀行的夢。我經常做這個夢。我在一個出納窗口，人們正在兌現支票。我低頭看了支票，意識到我已經一次又一次地兌現同一張支票。我意識到自己在做夢，於是把一切和所有人都推開。我稱之為「回到空白」。只剩下我，只有一片黑暗。

我已經知道我要去什麼地方，所以我想著一大片草地還有廣闊的藍色天空。我一開始想像，就意識到我在山洞裡。我可以看到前面有亮光。在入口，我可以看到大草原，正如我想像的那樣。馬車在前面。我能聞到篝火和馬的味道。

我一直都在這裡。我不覺得我是我。彷彿我在某個人的身體裡，透過他的眼睛看出去。我每次都去一個木屋，裡面的地板是一層硬土。在寒冷的夜裡，風聲呼嘯，穿過木材之間的泥縫。我知道我的責任是顧守這間木屋，而這裡的人不喜歡我老是跑去山洞裡遊蕩。如果我從沒來過這裡，我怎麼會知道這一切呢？

——安娜．貝絲，二十四歲

建議和技巧

睡前冥想。當你漸漸入睡時，打開心房去探訪你的前世。在我的夢境研習會上，一位年輕的女子說：「這有點像祈禱。我只是告訴宇宙我準備好了，我想看看我以前去過哪裡，我在那裡做了什麼。我入睡時就專注想著這些。當我連續幾個晚上這樣做的時候，我最後夢到前世的生活，我可以利用自己的夢中清醒做更全面地探索，找到可以交談的人，並試圖發掘我可以透過研究證實的細節。」

誤判。白天，當你走過一個熟悉的地方，或做一些不需要動腦的事情時，假裝你實際上是來自未來，在未來做夢時重訪前世的生活。

用未來自己的眼睛看看周圍的世界：品嘗味道，感受視覺和聽覺，盡可能仔細回想。給未來的你一個目前生活的導覽之旅。養成這個習慣，即使是在夢裡，你也會發現自己在參與這個儀式。如此一來，可以促進對夢中清醒的追求，也強化了你找回前世的努力。

回溯。一旦做到夢中清醒，試著讓自己變得越來越年輕。找一面鏡子，或伸出你的手。看著你的肌膚變得柔嫩飽滿，看著你的容貌從二十幾歲、十幾歲，一路回到童年的變化。接著變成嬰兒，縮得更小，甚至變成一個胚胎，囊胚和單一細胞。一旦在黑暗中，準備好「跳進」前世的最後一刻，使用意志力讓它發生。使用這個技巧時要小心；有人告訴我，過去的生活並不總是溫和地結束。請永遠記得，一切在你的掌控之中，你可以毫髮無傷地改變或逃離狀況。

所有事都可以練習

當我在公司時，我負責設計和管理複雜的培訓課程。為了在事件發生前預測潛在的錯誤，我會在我腦海裡進行虛擬排演——我稱之為「練習課程」。到課程真正開始的時候，我已經上過幾十次了。

到現在我仍然使用這種技巧，利用形象化來預測問題，異議，或者在研習會或報告中可能出現的問題。當然，清醒夢可以幫助我將練習提高到下一個水準。在腦海中排演是一回事，在夢境裡的虛擬現實中排演又是另一回事。

在我的一次夢中清醒練習中，一位夢中的與會者抓住了發言權提問，不肯放手。我在現實世界中經歷過，這是一個很難處理的情況。你想要尊重別人的觀點和意見；但同時，你也希望避免任何一位與會者霸佔整個研習會。

在這個夢裡，這個與會者表達了她認為某一張塔羅牌應該如何解讀的看法。在給她幾分鐘發表她的觀點之後，我溫和地提醒她說：「這是一個很有趣的觀點。讓我們聽聽看其他人的想法。」

這位夢中的與會者揮手打發我。

「我正在發表一個論點，在清醒夢裡，我可以不用面對現實世界中的不利後果，自由地嘗試任何技巧。我發表了一些不同的評論，有些冒犯了她，有些根本沒有效果。最後，我說「你的見解涉及到一個非常有趣的細節層次，但這超出了本次研習會的範圍。你可以考慮寫一篇文章，把它發表在你的網站上，或甚至寫一本關於這個主題的書。現在，回到我們剛剛講到的地方……」

由於那次夢中的互動，我意識到我說什麼並不如我如何迅速地從中斷中回到課堂內容那麼重要。後來，在一場實際的研習會上，我面臨了完全一樣的狀況……，因為我已經在清醒夢裡練習過，所以我成功地溫和打斷發言——就這樣！——在不傷害任何人的感受或失去演講控制的情況下，繼續回到我的教材。

我最不想做的事就是請老闆加薪。每次我想到走進他的辦公室，我就變成了一個口齒不清的白癡。不管我怎麼想直截了當地說，我都會發現自己做了錯誤的開頭，然後就改變話題。

我非常擔心這個情況，以至於還夢到了。但是，在我的夢裡，我並不是我自己。反而，我很坦率，直言不諱。「如果我不能加薪」我說，「那我就要去其他地方找工作了，雖然我很喜歡這裡的工作。」

在夢裡，我的老闆點點頭，開始問問題。我決定第二天工作時，試試看同樣的方法，結果成功了。

——羅傑，三十七歲

建議和技巧

強效小睡。我堅信，我在清醒世界裡進行生動、詳細和逼真排練的習慣，大多會幫助我實現清醒夢，尤其是讓我更容易創造夢中清醒的練習課程。

雖然我在晚上不會使用這種技巧，我經常在下午小睡前看我的教材。有時，我甚至至會允許自己在閱讀和整理課程大綱時睡著。

我發現自己很容易把演講帶入一個簡短的夢裡，在夢裡我可以呈現報告，並且評估它對觀眾造成的影響。當然，你也可以利用這種技巧來練習任何事物，像是課程、演講、提案、邀請、閱讀……什麼都可以。

在夢中清醒狀態下，如果你所做的事情沒有得到良好的反應，你可以隨時「重置」觀眾並且重新開始。

探索狂野的一面

事實上，許多與我交談的清醒夢者都享受著在清醒夢中體驗到的性表達的完全自由。在夢裡沒有規則也沒有限制。規範可以被暫時拋諸腦後，可以放縱自己，而不必擔心染病、懷孕或對某人不忠。

我們家對性的態度非常保守，沒人真正把這件事搬到檯面上來講。教會讓我們對性的印象是骯髒和錯誤的。因為家人的觀感對我來說非常重要，所以我在高中和大學期間都非常純潔，沒有和任何人做任何事。

缺點是，我在夢裡也沒有性行為。當有人靠近我時，我會說不，或是找藉口，又或是做出我在現實世界中會做的反應。這真的讓我很生氣，因為夢裡是我唯一能解放的地方，你知道嗎？而我什麼也沒做，因為我一直告訴自己這是錯的。

這種情況持續了好幾年。然後，當我大三時，我做了一個關於一個不可思議的男子的夢，我想他就是我的夢中情人。他真的很喜歡我，不停地展開追求。就在我要退縮時，我突然想到：我在做夢。我不知道我怎麼發現的，反正我就是知道。

我以為我會醒來，但我沒有。所以我催促他，因為我怕我會醒來。

在那次之後，我越來越常做春夢，然後意識到我已經睡著了，發現自己可以做任何想做的事。我不確定，但我想這也能幫助我在白天不要那麼緊張。

——凱雯，三十四歲

我和男友決定在訂婚期間禁慾。這並不容易，因為我們都很熱愛性生活，也曾經狂野過。現在，當我意識到我在做夢時，我會把一切抹掉，呼喚他來到我身旁，然後盡情去做。這舒緩了許多緊張情緒，我醒來時感覺很好。

一開始，傑伊感到忌妒，因為他沒有做清醒夢。現在，他開玩笑說他怕夢裡的傑伊比他還強……我會為了夢裡的那位而離開他！

——卡崔娜，二十歲

愛滋病、梅毒、皰疹和超級抗藥性淋病……接下來是什麼？誰需要呢？我不想要染病，我現在也不想要小孩，在我剛剛恢復自己的生活時，我當然也不需要伴侶帶來的麻煩和戲劇性。

在清醒夢裡，我可以用一種在現實生活中永遠無法放鬆的方式來放鬆。不管什發生什麼事，我都可以去做。我當過男人，也當過女人。我和男人以及女人在一起過。我也曾經縱慾狂歡。如果有人邀請我參加現實生活的狂歡派對，我會羞赧而死。

我的夢中情人很溫柔，擅長他們所做的事，而我不必為任何人準備早餐，也不用擔心隔天誰要打電話給誰。

——珍妮絲，二十九歲

建議和技巧

夢境象徵物。清醒夢提供機會讓你認識你的幻想情人。不過，很多人對於夢中情人的身分都沒有清晰的想法。你的夢中情人長什麼樣子呢？他的個性會是怎麼樣的？你們會一起做什麼事？

夢境象徵物可以有效地集中你的意念。一張拼貼畫、一張夢幻情人完美特質的清單、一張你幻想的演員照片、甚至是一件他可能會穿的衣服……把象徵物放在床邊。每天晚上睡覺前，花幾分鐘思考這個象徵物，思考你想要和幻想情人有什麼樣的邂逅。

當你漸漸入睡時，輕輕地把你的思緒帶回你的幻想中。持續幾個晚上這樣的練習不僅會增加你在夢中遇到愛人的機會，而且可能會幫助你辨認出他是一個夢境暗示……幫助你追求夢中清醒。

夢中會面。和情人分隔兩地？與其普通的聊天或電話性愛，試著在夢中世界安排一次幽會。

在連續幾個晚上，透過談論和期待你們在夢境中的會面來「同步」你們自己。詳細描繪場景。討論當你們在那裡找到彼此時要做什麼。在白天，每當你想起你的愛人時，就停下六十秒，想像一個清醒夢，在夢裡你們可以在一起。

之後，注意夢境暗示和機會來掌控你的夢境狀態。提前討論和練習你的夢中約會，將使在夢境世界中創造和體驗夢中約會變得更加容易。回到清醒世界後，你可以和伴侶交流意見。

待辦事項清單。白天時，與其沉溺在清醒的幻想裡，不如告訴自己：「我會在下一個清醒夢裡實現。」緊接著進行一個現實檢查。你在做夢嗎？尋找一個標題、一本書、一個標示或一個時鐘，確認你是否處於清醒世界中。

當你養成這個習慣後，你最終會在夢中遇到性的情境。透過反射動做，你會說「我會在下一個清醒夢裡實現」，並且進行現實檢查。當夢境暗示讓你意識到你進入夢境狀態時，你會達到夢中清醒，可以自由地追求你一直希望體驗的幻想。

本章概述

當你開始更頻繁地做清醒夢時，一般的消遣活動，像飛行、建立世界……可能會變得有點過時。幸運的是，清醒夢的應用和夢境世界本身一樣靈活多變。只需要一點的努力和創意，你就可以利用夢中清醒來探索另一個時空和前世生活；逃離你的身體；與親朋好友交流，無論生或死；聯繫你的夢境指引者；進行互動式夢境分析；治癒你的身體或情感創傷；克服恐懼和建立信心；甚至縱情於你最狂野的幻想。

下一步該怎麼做？

透過這些應用拓展了夢中清醒的視野，現在是探索如何分析在夢境遇到的人物，場景，和象徵的最佳時機。第九章為清醒夢和傳統夢提供了容易理解的夢境分析指南。

第九章

解讀清醒夢

夢境解讀的簡史

古人的夢

人類為了尋求見解和指導而求助於夢境已經有很長的歷史。在尚・博太羅（Jean Bottero）的《美索不達米亞：寫作、推理和眾神》（*Mesopotamia: Writing, Reasoning, and the Gods*）一書中，有一篇標題為「解夢」的文章，詳細介紹了美索不達米亞人對夢的解釋。根據對古代語言的研究，博太羅得出結論，美索不達米亞人了解清醒狀態和做夢狀態之間的差異，將夢境的異常生動歸功於創造夢境的上帝，並在夢境中尋找隱藏的含義。①

埃及人相信夢包含著重要訊息。煩惱不安的人會睡在神殿裡，然後向神職人員要求解夢。埃及人經常使用複雜的雙關語來解夢。②例如，「偉大」這個詞聽起來很像「驢子」這個詞；因此，驢子的夢被認為是非常幸運的預兆。③

一本古埃及的解夢書《夢之書》（*Dream Book*），包含了一百多個夢的目錄。夢境詮釋背後的邏輯並沒有揭露，但處方卻是精確而深思熟慮的：例如，夢見吃鱷魚肉就意味著在即將舉行的選舉中獲得勝利。④

古希臘人借用了睡在神殿來尋求夢境啟示的做法，為了做一個特定的夢，他們經常在特定的神殿裡睡上幾個星期或幾個月。早期的希臘詩人，包括荷馬，把夢視為來自眾神的訊息，但後來的哲學家們否定了這個觀點，像亞里士多德一樣，傾向於強調夢的象徵性。著眼於解釋夢境，亞里士多德推斷出「最擅於解釋夢境的人，是具有吸收相似性能力的人……夢的呈現類似於水中反射的形式。」

生活在公元前二世紀的阿特米多魯斯（Artemidorus），根據他對大量做夢者的採訪，寫了一篇關於夢境解釋的長篇著做。在書中，他為特定的標誌提供了特定的含義（「蛇因其力量而象徵國王……鱷魚象徵海盜，兇手，或者同等邪惡的人」），並且坦率地討論春夢的含義（「陰莖對應著一個人的父母……而因為它的擴張和收縮，同時也象徵著財富和財產」）。

聖經時代的夢境解讀

在《創世紀》（*Genesis*）中，希伯來人的上帝利用夢與從亞比米勒（Abimelech）到亞伯拉罕（Abraham）的每一個人交流。在約瑟（Joseph）的故事中，雅各（Jacob）最喜愛的兒子經歷了一系列的夢境，表明他將超越自己家庭農場的平凡生活，晉升為世界領袖。

他的兄弟們不需查閱夢境辭典就能解釋，那些向他下拜的一束束玉米和星星代表什麼意義。最後，他們被約瑟的潛能嚇壞，因此讓他假死，並將他賣為奴隸。

後來，約瑟解釋夢境的能力讓他從監到宮殿的過程中發揮了主要做用。當法老因為夢見食人牛而輾轉難眠時，約瑟基於國王奇異的幻想，準確預測即將到來的飢荒。他的解釋能力讓他成為埃及第二位權高位重的人，僅次於法老。

尼布甲尼撒（Nebuchadnezzar）國王的夢是如此令他不安，以至於將它們從記憶中抹去。當他要求術士和顧問解釋他壓抑的夢境時，他們退縮了，聲稱必須要有夢中的標誌才能了解夢的含義。希伯來人的先知，但以理能夠幫助國王找回並解釋被遺忘的影像。

新約聖經《馬太福音》（*New Testament's Gospel of Matthew*）的前幾頁充滿了夢境。當上帝向約瑟（Joseph）顯現，指示他忽略馬利亞的懷孕時，上帝就是在夢裡這樣做的。

東方的學者（很可能是占星家）在夢中受到上帝的警告，不要向希律王（King Herod）透露嬰兒基督的位置。後來，上帝也利用夢來告知約瑟希律（Herod）的死訊。

彼拉多（Pilate）的妻子懇求他不要參與釘耶穌十字架的事，她說：「我今天在夢裡因為他受了許多苦。」

甚至基督徒所謂的聖靈充滿，也伴隨著接受有意義的夢。在《使徒行傳》（*Book of Acts*）第二章中，「我要把我的靈澆灌所有的人，」上帝說。「你們的兒女要說預言，你們的老年人要做異夢。」

現代心理學的夢境解讀

亞里士多德宣稱夢具有象徵性，現代心理學家和精神科醫生受其啟發而繼續研究夢境，以洞察病人的精神和情緒健康。在佛洛伊德的傑作《夢的解析》（*The Interpretation of Dreams*）中，他認為夢中的標誌可以「從一個病態的概念追溯到病人的記憶中。」⑤把一個夢分成好幾段後，佛洛伊德會讓病人參與找出其中的含義。這些含義被認為是受到曲解或加密的，而督導治療被視為挑出這些含義的主要工具。

榮格認為夢遵循小說和戲劇中的四幕結構。他教導說，最初的行為或夢的「闡述」包含了所考慮問題的陳述。隨著背景和初始情況的確立，夢的第二幕將開始，在其中會遇到某種形式的複雜化或挑戰。

在第三幕，或「高潮」中，做夢者會以某種方式回應挑戰。第四幕（榮格稱之為「消散」）結束了這個夢，並且被認為包含了一個可能解決做夢者的現實生活危機的方法。

與佛洛伊德專斷的解讀方式不同，榮格相信更自然、更直接的方法。他鼓勵患者思考每個夢境標誌和個人，文化，以及神話之間的關聯。最後，透過「積極想像」的過程，做夢者可以用他們的方式自由聯想到夢的有效解釋。

簡易的夢境解讀

夢境解讀不再專屬於治療師和諮詢師的領域。雖然訓練有素的專業人士可以提供寶貴的見解和有益的客觀意見，但闡釋自己的夢境是一種健康、直接的做法。任何對於追求夢中清醒有足夠熱忱的人，都有可能很好地解釋自己的夢境，不管是清醒夢或其他夢！

這裡提出的簡易夢境解讀方法，是根據專業治療師和諮詢師使用的模型。初學者很容易上手，但其複雜性又足以滿足最高階清醒夢者的需求。只要稍加練習，你就可以直接應用這個方法，而不必參考本書中的逐步過程。

尤其是如果你有在寫夢境日記，你會發現下面的方法非常有用。榮格認為，解釋一系列的夢境比解釋一個單獨的夢境可以提供更多的見解，因為隨著時間的推移，做夢者會意識到重複的主題和模式。使用這裡概述的步驟，你已經辨識出的夢境暗示將會為你提供寶貴的見解。

第一步：記錄夢境

如果你已經有在寫夢境日記，你就可以跳過第一步。就和夢境日記的條目一樣，這裡的目標不是寫偉大的美國小說。相反的，請盡快記下你回憶起的每個細節。

以下是我一位朋友的夢境日記中的例子：

我在倫敦。因為周圍的大霧，所以我知道我在倫敦，而且我可以看到大笨鐘（Big Ben）。我還可以聞到泰晤士河的味道，在夢裡特別的難聞。

當我走過河上的一座橋時，我低頭一看，發現水裡堆滿了冰山：鋒利，潔白，閃閃發光的冰山塊。我立刻感到擔心，因為我相信觀光船會撞上冰山而沉沒，就像鐵達尼號一樣。

我找到一位巡警，提醒他注意冰山。他似乎毫不在意，還建議我去關心其他事情。具體來說，他說我應該吃個熱椒鹽脆餅，放鬆一下。

比較喜歡讓事情盡可能簡單？把你的夢境記錄成一個簡的標誌清單。如果將上面捕捉到的夢境呈現為一系列簡單易懂的夢境要素，那麼看起來就會像是：

- 倫敦（London）
- 霧
- 大笨鐘（Big Ben）
- 泰晤士河（River Thames）
- 橋
- 冰山
- 觀光船
- 巡警
- 建議
- 椒鹽脆餅

第二步：概述夢境

榮格主張，夢境就跟戲劇和電影一樣，可以分成四幕，每一幕都對應著一些你需要了解的事物。以下是我朋友的倫敦之夢被組織成四幕結構的樣子。

第一幕：設置／問題陳述。我在倫敦。因為周圍的大霧，所以我知道我在倫敦，而且我可以看到大笨鐘。我還可以聞到泰晤士河的味道，在這個夢裡，特別的難聞。

第二幕：複雜化或挑戰。當我走過河上的一座橋時，我低頭一看，發現水裡堆滿了冰山：鋒利，潔白，閃閃發光的冰山塊。

第三幕：高潮／回應。我立刻感到擔心，因為我相信觀光船會撞上冰山而沉沒，就像鐵達尼號一樣。我找到一位巡警，提醒他注意冰山。

第四幕：結尾／可能的解決辦法。巡警似乎毫不在意，還建議我去管管別的事情。具體來說，他說我應該吃個熱椒鹽脆餅，放鬆一下。

如果你喜歡使用簡單的清單，你一樣可以這麼做：

◎第一幕：倫敦、霧、大笨鐘。

◎第二幕：泰晤士河、橋、冰山。
◎第三幕：觀光船、巡警。
◎第四幕：建議、椒鹽脆餅。

第三步：聯想

概述了你的夢境之後，你現在可以進入將夢境要素與自己的經歷聯繫起來的步驟。

當我的朋友嘗試這個步驟時，他提出了以下想法：

◎第一幕：設置／問題陳述
- 倫敦：遊覽昂貴、很遠、茶、女王、帝國、英國國旗。
- 霧：寒冷、潮濕、恐怖、陰森可怕。
- 大笨鐘：時間、高聳、塔、鐘。

◎第二幕：複雜化或挑戰

- 泰晤士河：歷史、歷史悠久的河流、流動、移動。
- 橋：跨越、越過、連接、接通
- 冰山：寒冷、冰凍、危險、只有尖端可見、漂浮。

◎第三幕：高潮／回應

- 觀光船：輕浮、不必要、喧鬧、昂貴。
- 巡警：權力、規則、法規、執行。

◎第四幕：結尾／可能的解決辦法

- 建議：誤會、錯誤思維、觀點轉換。
- 椒鹽脆餅：簡單、便宜、美味、溫暖

第四步：分析夢境

只透過他的夢境概要和聯想來指引他，我的朋友對於自己做出以下的夢境解讀也感到驚訝：

根據我在這裡看到的內容，我內心的問題和距離有關。對我來說，倫敦是一個昂貴又遙遠的地方。夢境第一幕裡的所有要素都讓我感到沉重、麻煩且尷尬。當我第一次看著這張清單時，我不知道為什麼我會想到這些主題，也不知道它們可能與什麼問題有關。

當我看到我在第二幕中面臨的複雜化或挑戰時，我的聯想都是關於運動，聯繫，和危險。出於某種原因，把這座橋看做是一種挑戰，讓我想到溝通以及與遙遠的人保持聯繫本身的困難。

馬上，我想起了米奇，一位多年沒有和他說話的朋友。他在距離通勤三個小時的城市找到新工作後，我們都同意要努力保持聯絡。一開始，我們總是互相打電話，互寄電子郵件。不過，無意中，我們都失去了聯繫。

我一直想和他聯繫，但總是退卻。經過這麼久，寄一封簡單的電子郵件似乎太過冒昧。我一直打算打電話給他，或者去拜訪他，或者做一些更大的事情。

然後是第三幕，它象徵著我對這個問題的回應。看看我的聯想：輕浮，不必要，昂貴的解決方法。的確是這樣：我把注意力集中在複雜，昂貴的解決方法，讓失去聯繫的問題一直持續下去。我沒有寄電子郵件或傳訊息給米奇，而是一直在等著有時間打電話或者去拜訪他。照那樣下去，我們永遠不會相聚。

巡警在第四幕中的建議是很好的解決方法：簡單一點。為什麼要把事情複雜化？就寄一封電子郵寄，告訴米奇我想他，打破沉默。再簡單不過了。他可能像我一樣對失去聯繫感到難過。

我不得不說，當我第一次寫下這個夢境時，我不知道這可能意味著什麼。如果有人告訴我，我的夢就是這個意思，我可能會否認。

但是自己弄明白之後，我可以感覺到這個解決方法的「正確性」。這是有用的。就在昨天，在我做這個夢之前，我偶然看到米奇寄來的舊郵件，我心想：「我需要和那個人聯繫一下。」，所以我做這個夢，回頭看這一切，是完全有道理的。

解讀清醒夢

分析夢境會讓你獲得大量的個人洞見。使用同樣的步驟，你也可以分析你的清醒夢。清醒夢在本質上更生動，更逼真，並且更容易回憶。當你開始分析它們時，你可能會發現它們的象徵性訊息比其他夢的訊息更有針對性，更具啟示性，甚至更重要。

下面，你會發現三種解釋清醒夢的簡單方法。由於這些方法會產生非常不同的個人啟示，所以我鼓勵你嘗試以下所有的方法。

方法一：標準分析

用標準分析法，你處理清醒夢就像你處理其他的夢一樣。舉個例子，這是來自奧勒岡州三十八歲的單身專業人士艾蜜莉的夢境日記中的一個清醒夢：

第一幕：設置／問題陳述。因為今天是我的生日，我正等著母親來拜訪。我在公寓裡忙著打掃（她對這種事很挑剔）。

第二幕：複雜化或挑戰。不管我怎麼打掃，公寓卻看起來越來越糟。例如，當我試著用吸塵器打掃時，我弄壞了地毯，水不斷地湧入公寓。門鈴響起時，我已經踩在一片髒水之中。

第三幕：高潮／回應。這時，我意識到這是一個夢。（我住在二樓的公寓，水從地毯下噴湧到二樓，我突然覺得這是不可能的。）我很快就離開了那裡。我推開公寓，然後不停地跳，直到我降落在我的目標空間：在我最喜歡的健行步道上，露出地面的岩石。

第四幕：結尾／可能的解決辦法。我感到很放鬆，興奮，和安全！步道上的野花比我以前看過的都還鮮豔，空氣特別清新涼爽。在我醒來之前，我花了幾分鐘在步道上徘徊。

完成概述後，艾蜜莉為夢中每個主要的標誌做聯想：

◎第一幕：設置／問題陳述

- 打掃清潔：隱藏事物、即使不開心也擺出開心的樣子。
- 母親的來訪：壓力、每次都不開心、使人抓狂。
- 生日：擔心、變老、還是單身、忽略它。

◎第二幕：複雜化或挑戰

- 努力卻讓事情變得更糟：最近常發生、工作上如此、跟男朋友也是。
- 損壞的地毯：需要修理的東西。
- 洪水：情況越來越糟、凌亂、難聞的、逃避。
- 門鈴：信號、警報、告知你那裡有人的訊息。

◎第三幕：高潮／回應

● 達到夢中清醒：該起床了、掌握控制、掌握方向、負起責任。
● 離開：逃走、繼續前進、逃脫、移動、退後。
● 健行步道：寧靜、美麗、與世隔絕、安靜、遙遠。

◎第四幕：結尾／可能的解決辦法

● 感到安全：提醒我我可以感到安全，我的心情取決於我。
● 野花：野性、打破規則、在戶外、未受照看的。
● 涼爽的空氣：清新、開放、不受限制、乾淨。

當艾蜜莉回顧她的聯想清單時，她大笑起來。

好吧，這真的不是很隱晦，對吧？我陷入和一個男人的關係之中，而我和他在一起的主要原因是因為他讓我母親抓狂。的確是這樣，我也一直想著要打破這樣的關係，但我擔心自己一個人，也擔心在工作的壓力下，我沒有時間去認識其他人。每一次生日都提醒我，遇到合適的人越來越難。

第二幕的挑戰也是如此：我知道我需要解決這個問題。我不快樂，他也不快樂，門鈴已經響了好幾個星期。但我一直延遲做出決定並堅持下去。當我對情況感到不滿時，我變得清醒起來並且掌控局面，這對我來說也很有意義。在現實生活中，我需要做同樣的事情：要具備批判能力並且掌握控制。是時候將自己從處境中隔離，後退一步思考了。

我想和那些野花一樣自由自在，不受限制。我認為這個夢境的訊息已經很明確了：是時候做出一些重大改變。現在我只需要找出時間和精力去執行。

方法二：僅分析夢中清醒的部分

雖然有些做夢者認為，控制夢境會破壞其中蘊含的潛意識訊息，但與我交談過的大多數清醒夢者都覺得，他們夢中清醒的片段包含了同等，甚至是更重要的訊息。

畢竟，傳統的夢是完全被動，而清醒狀態下的夢是互動的。在清醒夢裡，你就和任何人一樣，可以和你自己的潛意識直接面對面交談。

充分利用這段交談的智慧，可能就像選擇只分析夢中清醒的片段一樣簡單，好像它們本身就是獨立的夢。使用這種方法的清醒夢者，會記錄但不分析他們的非清醒夢，他們更喜歡只分析在夢中清醒狀態下遇到的標誌。來看看攝影師奎因日記上的這個夢境：

達到夢中清醒前的夢。我站在賭場裡，看著人們玩二十一點。每個人都很興奮，因為一個穿著黑色西裝的大個子男人贏了很多錢。站在我旁邊的女人一直在說「今晚這房子真的被打了個落花流水！」

我把攝影機抗在肩上，錄下整件事。突然，一位賭場經理猛拉電源線，把我向後拉。當我轉向他時，我很生氣。他把手放在鏡頭上，告訴我賭場補不允許錄影。站在我旁邊的女人轉向我們，彷彿要說什麼重要的事。「今晚這房子真的被打了個落花流水！」她說。她點點頭，重複了一遍。「今晚這房子真的被打了個落花流水！」

清醒夢。每次她說這句話時，她的臉和手勢都一模一樣——就像反復播放的片段。現實生活中沒有人會那樣。事實上，看到一次又一次的重播已經成為我的夢境暗示之一，所以我知道我在做夢。

第一幕：設置／問題陳述。

我忽然意識到我可以像消防水帶一樣使用相機，噴射出某種能量。我用這個掃除討人厭的經理。他摔個四腳朝天，滾到賭桌後面了。

我想跑步，所以我用意志力將賭場挪開，召喚出一段我以前在亞利桑那州行駛的公路。在清醒夢裡，我可以跑得非常，非常快，我的腿也動得非常快，它們看起來就像早期華納兄弟卡通影片裡嗶嗶鳥下的卡通圈。當我往下看時，我只穿著運動短褲，所以我就出發了。

第二幕：複雜化或挑戰。

我可以想跑多快就跑多快，但我知道自己沒有真正地前進。道路到在我腳下移動，但風景卻保持不變。就好像我在跑步機上運動。但是我想要完整的3D效果，讓一切看起來盡可能真實。

第三幕：高潮／回應。

我越是努力讓風景看起來真實，我對夢境的掌控就越少。天空變得朦朧，其他像是道路上的標線等細節也變得模糊。我忽然覺得筋疲力盡，而不是興奮，所以我停下來，雙手放在膝蓋上蹲著，努力留在夢裡。

第四幕：結尾／可能的解決辦法。

我聽見頭上傳來某種鳥類的尖銳叫聲。我不確定是禿鷹或老鷹，因為在陽光的映襯下我只能看見黑色的輪廓。這看起來有點像素材影片，當電視節目中的演員指向天空時，他們會切入這種東西。當我專注於此時，周圍的風景就變得栩栩如生。比現實更真實。當我現在看著它，我不敢相信我曾經無法控制夢境。

從這個概述中，奎因列出了夢中清醒部分的主要標誌，並為它們做聯想：

◎第一幕：設置／問題陳述

- 消防水帶攝影機：我所做的事情的力量、我透過作品傳遞的能量。
- 跑步：逃避、娛樂、放鬆、健身。
- 公路：寧靜的地方、我喜歡炎熱、從那裡到到這裡的方式。
- 只穿短褲：自由、有合適的裝備、坦率。

◎第二幕：複雜化或挑戰

- 沒有進展：陷入困境、無法前進、現在工作的情形。
- 跑步機公路：我討厭這個、因為我喜歡在戶外跑步、但討厭跑步機。

◎第三幕：高潮／回應

- 朦朧的天空和模糊的細節：需要清晰或聚焦，需要更深入地挖掘。

• 筋疲力盡：疲倦、喘不過氣、氣力用盡。
• 蹲著：防禦姿勢、有時為了避免嘔吐而這樣做。

◎第四幕：結尾／可能的解決辦法
• 盤旋的鳥：腦海裡的想法、不確定性、疑慮。
• 素材影片：容易但效果不好、便宜但不「對」。
• 超現實：生活應該是這個樣子、刺激、感到有力量。

只要幾分鐘的審慎思考，奎因很容易就能找出夢中清醒部分的意義：

我喜歡自己在做的事，但最近卻對自己在做的事情有些生厭。工作一直是我逃避現實的方法。我工作總是早出晚歸，因為我喜歡拍攝和剪輯。現在，我發現自己人生中第一次這麼偷懶，虛度光陰。

我有足夠的設備和機會去做有意義的事，卻在公司浪費我的時間和才華，因為他們沒有足夠的案量給我做。

我一直在白費力氣試圖找出解決辦法，所以我就敷衍了事，就像在跑步機上運動的人一樣。再也沒有什麼樂趣了，我真的很討厭這樣，我不得不為了五斗米而折腰，被卡在這個職位上動彈不得。

最近，一切都失去了焦點。我需要回到自己喜歡的事情上：製作令人驚豔的影片。但我並沒有那樣做，我一直在讓步，讓這個地方榨乾我的精力。到目前為止，我只有逆來順受，因為我確定自己需要錢。

在我的腦海裡，我一直在考慮離開這間公司並搬回西岸。一開始，我告訴自己，這種吃回頭草的作法意味著被打敗，但我現在覺得留在這裡，就像那個素材影片一樣：勉強過得去，但卻不是我真正想追求的。我想要那種生活在超現實中的感覺。我想要再次深深地投入在我的工作中。

方法三：分析長期的夢中清醒

透過分析非清醒夢中反復出現的主題，你可以意識到某種模式並發現夢境暗示。同樣地，你可以分析支配你清醒夢的主題，活動，和事件……並在過程中了解關於你自己的重要訊息。

在四個月的期間，詹姆士記錄了八個清醒夢。在這些夢裡，他注意到以下反復出現的要素：

- 飛行（三次）。
- 乘坐摩托艇（三次）。
- 與名人發生性行為（兩次）。

然後詹姆士把這些反覆出現的活動當做標誌，把它們列為清單，並為每一項活動建立聯想：

- 飛行：違反規則、違反定律、做別人做不到的事。
- 摩托艇：危險、快速、刺激、特技、不可能的特技。
- 與名人的性行為：禁止的、不太可能、僥倖逃脫。

詹姆士注意到，他的夢中清醒活動有一個共同的主題：在夢中清醒狀態下，他被那些他覺得在現實生活中太危險而無法追求的活動所吸引。「即使我對飛行感到著迷，我也不會去跳傘。看到我表哥在摩托艇上發生的事故後，我仍然會騎摩托艇，但我永遠不會做那種我在夢中可以做的特技。我女朋友堅持一夫一妻制，所以即使我有機會和某個超級名模在一起，如果我真的做了這件事的話，我也會有失去一切的風險。」

分析完他夢中清醒冒險的本質後，詹姆士認為他渴望擺脫對他來說已經變得非常穩定，舒適，但又有點枯燥的個人生活。在不違反規則，或破壞他所珍視的生活（他的感情關係、工作）的情況下，他決定尋找一些令人興奮，但風險程度也可以接受的新活動。「我短期內不會去高空彈跳，但我可能會去市中心那個讓你從噴射引擎跳傘的地方，只是為了擴大我的視野。」

本章概述

古人認為夢是來自神的訊息，他們相當重視努力追求和分析夢境。在聖經的記載中，夢常常被定位成來自上帝的直接交流，讓做夢者瞥見未來，被警告即將發生的災難，或接受個人的精神指導。

現代心理學家和精神科醫生可能會忽略與神的連結，他們更願意把夢中標誌視為進入潛意識的窗口。方法各不相同，但簡單的夢境解讀通常包含說明夢中故事，從故事中擷取標誌，將這些標誌與做夢者的生活元素聯繫起來，並利用這些訊息來深入了解做夢者的心理狀態。

清醒夢也可以用同樣的方式來解釋。做夢者可以分析整個夢，也可以選擇只關注在夢中清醒狀態下遇到的事件和標誌。透過客觀地觀察他們在可以做任何事情的時候選擇做什麼，清醒夢者可以了解很多關於他們自己和他們最深切的欲望。

下一步該怎麼做？

本書提供了睡眠、夢境，以及做清醒夢的全面介紹。你擁有開始追求自己清醒夢所需要的一切。

至少，你應該開始寫一本夢境日記，以建立夢境意識。（需要複習一下嗎？請見第六章。）這是大部分活躍的做夢者使用的第一種工具——可能也是最重要的。它將增強你對夢境的整體意識，幫助你發現重複的標誌和環境，這些將成為有用的夢境暗示。

隨著你對做清醒夢的興趣增長，你可能會想讀更多關於這個主題的學術書籍，包括美國最重要的清醒夢研究者史蒂芬·拉柏奇博士的著作。他的書，特別是《清醒夢：在夢中和生活中覺醒以及探索清醒夢世界的簡明指南》（*Lucid Dreaming: A Concise Guide to Awakening in Your Dreams and in Your Life and Exploring the World of Lucid Dreaming*），受到高度推薦，因為這是拉柏奇博士研究的第一手資料。

你可能還會想瀏覽夢中清醒協會（he Lucidity Institute）的官網 www.lucidity.com。在這裡，你將有機會參與協會正在進行的研究，以及發現清醒夢者特別感興趣的產品和服務。

當然，在你的夢裡，有無數種的選擇和可能性。當你繼續追求夢中清醒的同時，別忘了停下來享受清醒夢帶來的潛在力量，不論是在清醒世界或夢境中。

祝你有個好夢！

---

① Jean Bottero, "Oneiromancy," in Mesopotamia: Writing, Reasoning, and the Gods, trans. Zainab Bahrani and Mark Van De Meiroop (Chicago: University of Chicago Press, 1995), 108–110.

② Nancy Joseph, ed., "Why Freud Should Credit Mesopotamia," A&S Perspectives, Winter/Spring 2002, http://www.artsci.washington.edu/news/WinterSpring02/Noegel.htm (accessed April 20, 2006).

③ Anita Stratos, "Perchance to Dream," Tour Egypt!, http://www .touregypt.net/featurestories/dream.htm (accessed April 20, 2006).

④ Ibid.

⑤ Sigmund Freud, "The Method of Interpretation," chapter 2 in The Interpretation of Dreams, http://www.psywww.com/books/interp/chap02.htm (accessed April 20, 2006).

Future 035

清醒夢的第一本書：隨心創造夢境，開發潛能、療癒自我，通往心靈的大門

Lucid Dreaming for Beginners: simple techniques for creating interactive dreams

作　　者／馬克．麥可埃羅伊（Mark McElroy）
譯　　者／陳圓君
企劃選書．責任編輯／韋孟岑
版　　權／黃淑敏、翁靜如、邱珮芸
行銷業務／莊英傑、黃崇華、周佑潔
總 編 輯／何宜珍
總 經 理／彭之琬
事業群總經理／黃淑貞
發 行 人／何飛鵬
法律顧問／元禾法律事務所　王子文律師
出　　版／商周出版
臺北市中山區民生東路二段141號9樓
電話：(02) 2500-7008　傳眞：(02) 2500-7759　E-mail：bwp.service@cite.com.tw
發　　行／英屬蓋曼群島商家庭傳媒股份有限公司城邦分公司
臺北市中山區民生東路二段141號2樓
讀者服務專線：0800-020-299　24小時傳眞服務：(02)2517-0999
讀者服務信箱E-mail：cs@cite.com.tw
劃撥帳號／19833503　戶名：英屬蓋曼群島商家庭傳媒股份有限公司城邦分公司
訂購服務／書虫股份有限公司客服專線：(02)2500-7718；2500-7719
服務時間：週一至週五上午09:30-12:00；下午13:30-17:00
24小時傳眞專線：(02)2500-1990；2500-1991
劃撥帳號：19863813　戶名：書虫股份有限公司　E-mail：service@readingclub.com.tw
香港發行所／城邦(香港)出版集團有限公司
香港 灣仔 駱克道193號東超商業中心1樓
電話：(852) 2508-6231　傳眞：(852) 2578-9337
馬新發行所／城邦(馬新)出版集團【Cité (M) Sdn. Bhd】
41, Jalan Radin Anum, Bandar Baru Sri Petaling, 57000 Kuala Lumpur, Malaysia.
電話：(603)90578822　傳眞：(603)90576622　E-mail：cite@cite.com.my
商周出版部落格／http://bwp25007008.pixnet.net/blog
行政院新聞局北市業字第913號

封面設計／萬勝安
內頁設計編排／蔡惠如
印　　刷／卡樂彩色製版印刷有限公司
經 銷 商／聯合發行股份有限公司　電話：(02)2917-8022　傳眞：(02)2911-0053

2020年（民109）1月07日初版
定價380元　Printed in Taiwan

ISBN 978-986-477-780-8

城邦讀書花園
www.cite.com.tw

Translated from
LUCID DREAMING FOR BEGINNERS:
SIMPLE TECHNIQUES FOR CREATING INTERACTIVE DREAMS

Published by Llewellyn Publications
Woodbury, MN 55125 USA
www.llewellyn.com

國家圖書館出版品預行編目（CIP）資料
清醒夢的第一本書：隨心創造夢境，開發潛能、療癒自我，通往心靈的大門／馬克．麥可埃羅伊(Mark McElroy)著；陳圓君譯. -- 初版. -- 臺北市：商周出版：家庭傳媒城邦分公司發行, 民109.01
320面；14.8x21公分. -- (Future；35)
譯自：Lucid dreaming for beginners : simple techniques for creating interactive dreams
ISBN 978-986-477-780-8 (平裝)
1.夢 2.潛意識　175.1　108022257

FUTURE

FUTURE